기적의 숫자 퍼즐

네모네모 로직

nemonemo logic

제우미디어 편저

nemonemo logic 입문편 2

Contents

풀이법 3

Part A 5×5 10×10 7

Part B 15×15 20×20 51

Part C 25×25 101

해답 113

nemonemo logic 입문편 2

네모네모 로직 실전 풀이법

설명의 순서대로 한 번만 따라 칠해보면 로직해법을 마스터할 수 있습니다!

한번만 따라하면 해법이 머리에 쏘옥~

직접 네모 속에 칠해 주세요!

자! 펜을 들고 따라해 봅시다!

■ 기본 규칙

- 숫자는 연속해서 칠해야 하는 칸 수를 의미한다.
- 여러 개의 숫자가 함께 있을 때는, 숫자와 숫자 사이에 반드시 한 칸 이상을 띄고 칠해야 한다.
- 확실히 칠할 수 없는 칸은 X로 표시해 두자.
- 완성된 숫자는 O로 표시해 두자.

1

	❶	3	4	4	4	3
❷ 2	2					
	5					
	5					
	3					
	1					

일단 문제를 보자. 문제의 크기는 5X5이다.

❶ 위쪽의 3은, 해당하는 세로줄의 다섯 칸 중에서 세 칸이 연속해서 칠해져야 한다는 뜻이다.

❷ 왼쪽의 2, 2는 해당하는 가로줄의 두 칸을 연속해서 칠한 후, **한 칸 이상을 띄고** 다시 두 칸을 연속해서 칠해야 한다는 뜻이다.

2

		3	4	4	4	3
2	2					
	⑤	■	■	■	■	■
	⑤	■	■	■	■	■
	3					
	1					

왼쪽의 5는 다섯 칸이 연속해서 칠해져야 하니 다섯 칸을 모두 칠하고, 완성된 5에 ◯로 표시해 두자.

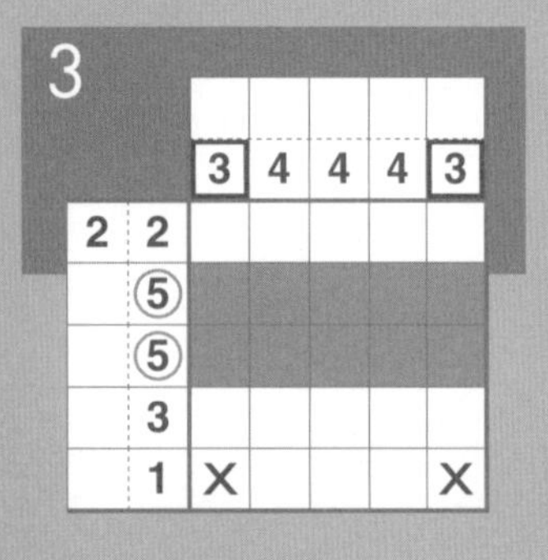

위쪽의 3은, 세 칸이 연속해서 칠해져야 하니 맨 밑줄은 칠할 수 없게 된다. X로 표시해 두자.

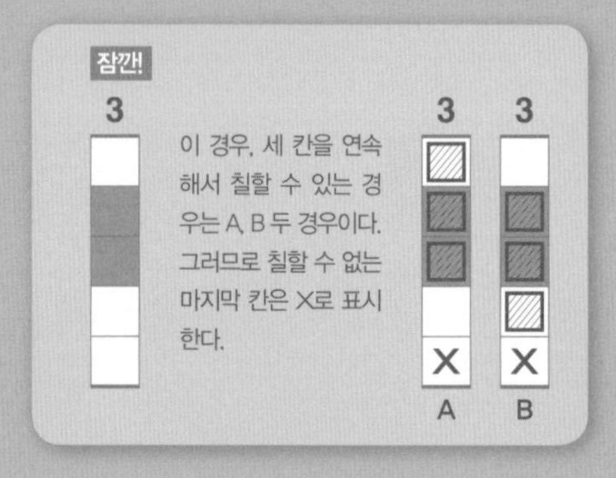
잠깐!
이 경우, 세 칸을 연속해서 칠할 수 있는 경우는 A, B 두 경우이다. 그러므로 칠할 수 없는 마지막 칸은 X로 표시한다.
A
B

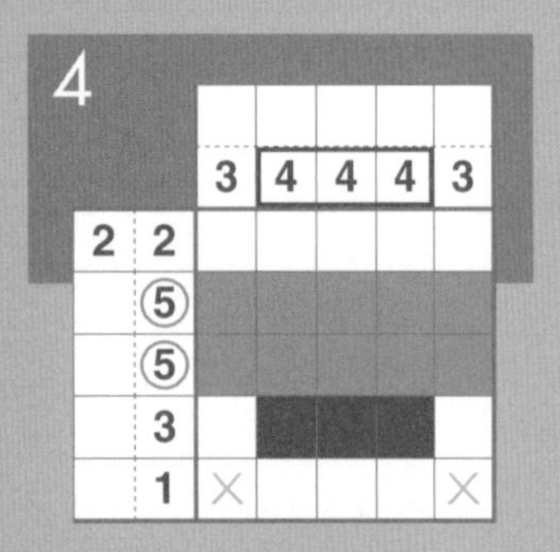

위쪽의 4는, 네 칸이 연속해서 칠해져야 하니, **경우의 수를 따져보면** 네 번째 줄은 모두 칠해지게 되어있다.

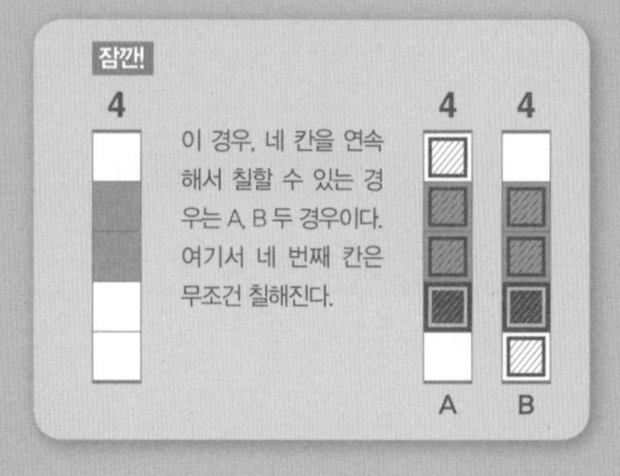
잠깐!
이 경우, 네 칸을 연속해서 칠할 수 있는 경우는 A, B 두 경우이다. 여기서 네 번째 칸은 무조건 칠해진다.
A
B

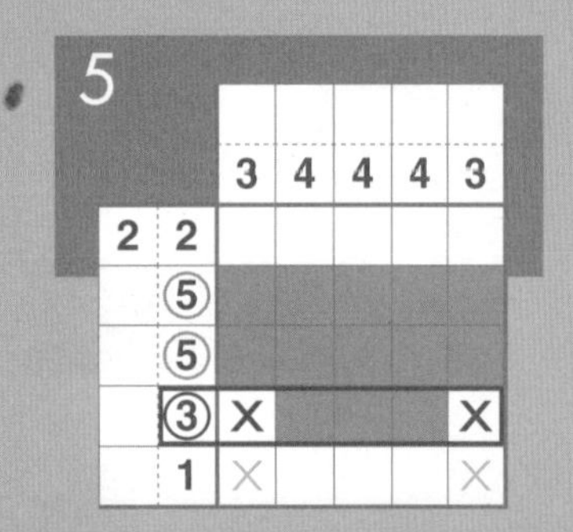

이렇게 되면, **왼쪽의 3이 완성**된다. 완성된 3에 ◯로 표시해 두고, 네 번째 줄의 양 옆을 X로 표시해 두자.

위쪽의 3을 다시 보자. 네 번째, 다섯 번째 줄이 X로 표시되어 있으니, 자연스럽게 **첫 번째 줄을 칠해야 3이 완성**된다. 완성된 3에 ◯로 표시해 두자.

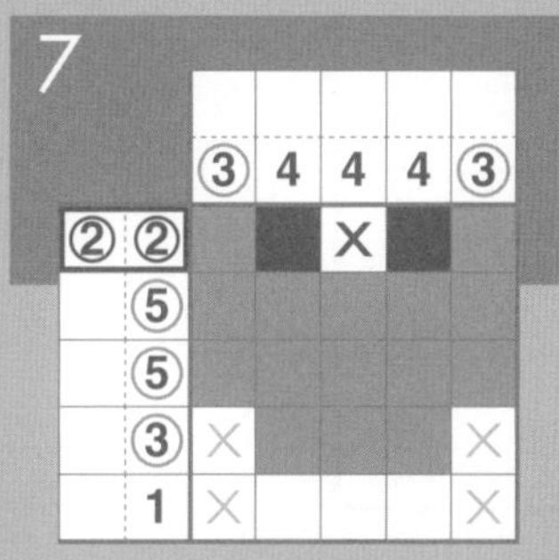

왼쪽의 2는 두 칸이 연속해서 칠해져야 하니, 두 번째 칸과 네 번째 칸을 칠해야 2가 완성된다. 세 번째 칸은 X로 표시하고, 완성된 2에 ◯로 표시해 둔다.

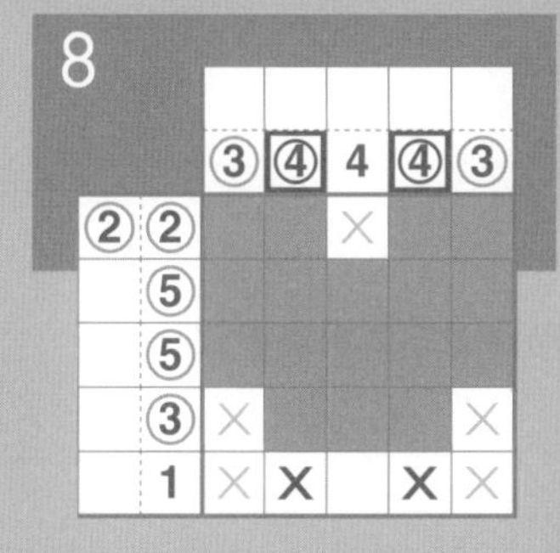

이렇게 되면 위쪽의 두 번째, 네 번째 4가 완성된다.
완성된 4에 ◯로 표시해 두고, 맨 밑줄을 X로 표시해 둔다.

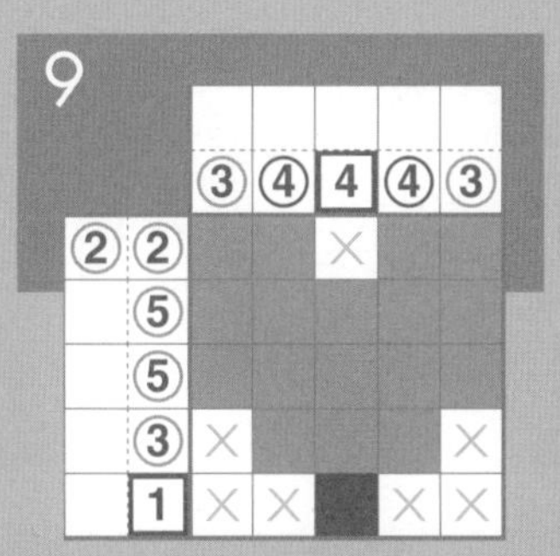

자, 이제 남은 것은 위쪽의 4와 왼쪽의 1이다. **맨 밑줄의 남은 한 칸을 칠하면**, 위쪽의 4이자 왼쪽의 1이 완성된다.

											1	2	
					1		4	4			2	1	5
				6	3	4	3	1		2	1	1	1
				2	1	4	1	2	10	1	1	1	1
			10										
	1	5	2										
1	4	1	1										
1	4	1	1										
	1	2	2										
			6										
	3	1	3										
		3	1										
1	1	2	3										
		2	3										

잠깐!

네모 로직의 문제 크기가 큰 경우, **큰 숫자부터 공략하는 것**이 효과적이다.

표시된 줄을 살펴보면,
한 줄인 열 칸 중에 열 칸 모두 연속해서 칠해진다.
이렇게 큰 숫자부터 칠해놓고 나면,
오른쪽 상단의 6이 맨 윗칸부터 연속해 칠해지게 되므로,
나머지 경우의 수를 쉽게 풀어갈 수 있다.

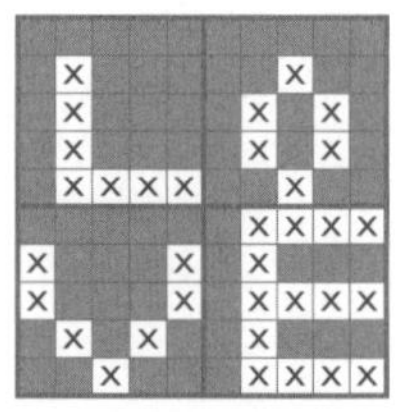

중요한 로직 풀이 Tip!

**문제의 크기가 큰 로직 중에는 위의 설명만으로 해결되지 않는 것이 있다.
그럴 때 이것만 기억해 두면 손쉽게 풀 수 있다.**

위에서부터 칠했을 때와 **아래에서부터 칠했을 때**를 생각한 후 **겹쳐지는 칸**이 어디인지를 찾는다. 점을 찍어가며 생각하면 편하며, 이때 숫자의 순서는 반드시 지킨다.

① 한 칸에 점을 찍고, 한 칸 띄고 6칸에 점을 찍는다.
② 뒤에서부터 6칸에 점을 찍고, 한 칸 띄고 한 칸에 점을 찍는다.
③ 겹치는 부분을 찾아 칠한다.

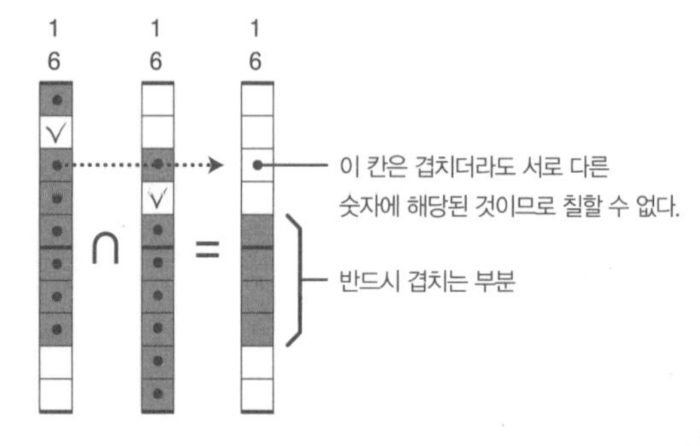
1
6
1
6
1
6
이 칸은 겹치더라도 서로 다른 숫자에 해당된 것이므로 칠할 수 없다.
반드시 겹치는 부분

NemoNemo Logic 입문편 2

PART

SIZE : 5×5 10×10

난이도 ●○○○○

A01 메일의 약자이기도 해요

			5	1	1	1	5
	1	1					
	2	2					
1	1	1					
	1	1					
	1	1					

난이도 ●○○○○

A02 한 칸씩 올라요

	1	2	3	4	5
1					
2					
3					
4					
5					

난이도 ●○○○○

A03 야옹!

				2	1	2	
			5	1	2	1	5
	1	1					
		5					
	2	2					
1	1	1					
		5					

난이도 ●○○○○

A04 바람에 펄럭펄럭

			2	1	
	1	5	1	1	1
1					
2					
3					
1					
5					

난이도 ●○○○○

A05 더하기, 빼기, 곱하기, 그리고?

			1		
			1		
	1	1	1	1	1
1					
0					
5					
0					
1					

난이도 ●○○○○

A06 예쁘게 포장할 때 써요

		5	3	1	3	5
1	1					
2	2					
	5					
2	2					
1	1					

난이도 ●○○○○

A07 못질할 때 필요해요

			1			
		5	1	5	1	1
	3					
1	1					
1	3					
1	1					
	3					

난이도 ●○○○○

A08 산을 뜻해요

			3	1	5	1	3
		1					
		1					
1	1	1					
1	1	1					
		5					

난이도 ●○○○○

A09 물이 나와요

			2	1		1
		5	1	2	2	2
	2					
3	1					
	1					
1	3					
	5					

난이도 ●○○○○

A10 행운의 숫자라고도 불러요

				1	1		
			5	2	3	1	5
		5					
	1	1					
1	1	1					
	3	1					
	3	1					

난이도 ●○○○○

A11 웃음의 아이콘

			2		2	
		2	1	1	1	2
1	1					
1	1					
	0					
1	1					
	5					

난이도 ●○○○○

A12 하하하!

			1		1	
			1	1	1	
		2	1	1	1	2
1	1					
	0					
	5					
1	1					
	3					

난이도 ●○○○○

A13 한글을 익힐 때 가장 먼저 배워요

			1	1			2
			3	1	5	0	2
	3	1					
	1	1					
	1	1					
1	1	1					
	3	1					

난이도 ●○○○○

A14 중앙을 뜻해요

				1		1	
			3	1	5	1	3
		1					
		5					
1	1	1					
		5					
		1					

난이도 ●○○○○

A15 이쪽으로 가세요

<table>
<tr><td></td><td></td><td>2</td><td>1</td><td>1</td><td>2</td><td>2</td></tr>
<tr><td></td><td></td><td>2</td><td>1</td><td>1</td><td>2</td><td>2</td></tr>
<tr><td>2</td><td>2</td><td></td><td></td><td></td><td></td><td></td></tr>
<tr><td>1</td><td>3</td><td></td><td></td><td></td><td></td><td></td></tr>
<tr><td></td><td>0</td><td></td><td></td><td></td><td></td><td></td></tr>
<tr><td>1</td><td>3</td><td></td><td></td><td></td><td></td><td></td></tr>
<tr><td>2</td><td>2</td><td></td><td></td><td></td><td></td><td></td></tr>
</table>

난이도 ●○○○○

A16 세모꼴의 쇠막대

			1	2	1	
		2	1	1	1	2
	1					
	1					
1	1					
1	1					
	5					

난이도 ●●○○○

A17 오선지 위에 있어요

		3	3	5	2	2
	2					
	3					
3	1					
	3					
	3					

난이도 ●○○○○

A18 끼룩끼룩!

						3		5				
			2	2	2	2	4	1	5	5	6	7
			7	7	7	3	3	2	4	4	3	1
		10										
		10										
		7										
	3	6										
	4	5										
	4	2										
3	3	1										
	5	3										
		9										
		10										

난이도 ●○○○○

A19 밤하늘에서 빛나요

							1	1	1			
				5	6	7	5	5	3	2	3	
			10	3	2	1	1	1	1	2	3	10
		10										
	4	3										
	6	2										
	7	1										
	7	1										
1	5	1										
1	3	1										
	2	2										
	3	3										
		10										

난이도 ●○○○○

A20 대사를 넣어 보아요

						1	1					
			1	1	2	1	1	1	1	1	
		10	4	4	1	2	2	3	4	4	10
	10										
1	1										
1	1										
1	1										
1	1										
1	1										
5	3										
4	4										
3	6										
	10										

난이도 ●○○○○

A21 물속에서 살아요

						1	1					
				3	1	2	2	1	2		7	7
			10	4	3	2	2	2	2	3	1	2
		10										
	2	4										
2	2	3										
1	2	2										
	1	2										
	1	2										
	2	2										
		3										
	7	1										
	7	2										

난이도 ●○○○○

A22 우르릉 쾅쾅!

						1					
				3	2	1	2				
			4	3	2	1	1	2	3	4	
		10	5	1	2	2	3	3	4	5	10
5	2										
4	3										
3	5										
2	6										
1	1										
6	2										
4	3										
3	5										
2	7										
	10										

난이도 ●○○○○

A23 과일 무라고도 불린대요

							1		3	2		1
				5	3	3	1	5	2	1	2	3
			10	1	1	1	1	1	2	5	5	2
2	4	1										
	4	3										
4	2	2										
	6	3										
2	2	1										
	1	3										
	1	2										
	1	2										
	1	4										
		10										

난이도 ●○○○○

A24 여성을 뜻해요

					1	2		4	2			
					2	1		1	1	1		
			10	10	2	2	4	2	2	5	10	10
	3	3										
2	2	2										
2	4	2										
2	4	2										
2	2	2										
	3	3										
	4	5										
	2	3										
	4	5										
	4	5										

난이도 ●○○○○

A25 비에 젖지 않게 해줘요

										2		
			3	2	1	1		1	1	3	3	
			5	5	5	5	1	4	4	1	5	10
	4	5										
	2	3										
	1	2										
		1										
		1										
	4	5										
	4	5										
	4	5										
4	2	2										
	5	3										

난이도 ●○○○○

A26 우리 다 같이 웃어볼까요?

Column clues:

1	2	3	4	5	6	7	8	9	10
		2	1			1	2		
		2	2	1	1	2	2		
	3	1	2	2	2	2	1	3	
10	3	2	1	1	1	1	2	3	10

Row clues:

			10										
		3	3										
		2	2										
1	2	2	1										
1	2	2	1										
		1	1										
	1	6	1										
	2	4	2										
		3	3										
			10										

난이도 ●○○○○

A27 비 오는 날 유용해요

								1	1	1	1	
				7	6	6	6	1	1	1	1	
			10	1	1	1	1	2	2	1	1	10
		10										
	5	1										
		10										
	5	1										
	5	1										
	5	1										
	2	1										
	1	1										
1	2	1										
		10										

난이도 ●○○○○

A28 이걸 켜면 밝아져요

								1				1		
							2	2	3	1	3	2	2	
					10	10	5	4	1	2	1	4	5	10
			4	3										
			3	2										
2	1	1	1	1										
	2	2	2	1										
	2	1	1	1										
	3	1	1	2										
		4	1	3										
				10										
			4	3										
			4	3										

난이도 ●○○○○

A29 고이 접어 날려요

					1	2	2	2	3	3		
			1	1	1	1	2	2	1	2	3	3
			8	7	4	1	2	3	3	2	6	6
		10										
		7										
1	1	4										
	2	2										
2	2	2										
	2	5										
	3	3										
3	2	2										
	3	6										
		10										

난이도 ●○○○○

A30 돌아가야 할 곳

						2	1	1	2			
			5	4	3	3	3	3	3	3	4	5
			4	4	1	1	1	1	1	1	4	4
		10										
	4	4										
	3	3										
	2	2										
	1	1										
		4										
2	4	2										
2	4	2										
	2	2										
		10										

난이도 ●○○○○

A31 짭짤한 감자칩이 생각나요

				1	1					1	1	
			1	2	2	1	1	1	1	2	2	1
			2	2	3	4	3	3	4	3	2	2
			1	1	1	1	1	1	1	1	1	1
		10										
		0										
	2	2										
	2	2										
		4										
1	6	1										
		10										
	3	3										
		0										
		10										

난이도 ●○○○○

A32 나의 사랑을 받아주세요

					2	1	1			1	1	2	
				3	3	5	6	2	2	6	5	3	3
				4	3	2	1	6	6	1	2	3	4
			10										
	2	2	2										
1	2	2	1										
			8										
			8										
			8										
	1	6	1										
	2	4	2										
	3	2	3										
		4	4										

난이도 ●○○○○

A33 이번에는 잘 키워볼 거예요!

				3						3	
		1	3	2	3	2		3	3	2	1
		1	1	1	5	5	8	5	5	1	1
3	3										
5	4										
	8										
	1										
	1										
	7										
	7										
	5										
	5										
	10										

난이도 ●○○○○

A34 모자가 잘 어울려요

								1	1				
						3	1	1	1	1	1	2	
				3	3	1	2	2	1	2	1	2	
				6	6	2	1	1	1	1	2	3	10
			10										
		3	2										
		3	1										
			1										
			10										
2	1	1	2										
	2	1	1										
	2	2	2										
		3	3										
			10										

난이도 ●○○○○

A35 Beautiful girl

				3	3		3	3				
				2	3	3	2	2				
			9	2	1	2	2	1	3	10	9	8
		7										
		9										
		10										
	1	3										
3	2	3										
3	2	3										
1	1	3										
1	3	3										
2	2	3										
	3	3										

난이도 ●○○○○

A36 정말 존재할까요?

					2	1	1	1	1	1	1	2	
					2	3	2	1	1	2	3	2	
				10	4	3	2	1	1	2	3	4	10
			10										
		2	2										
		1	1										
		3	3										
		4	4										
1	2	2	1										
	2	2	2										
		3	3										
		4	4										
			10										

난이도 ●○○○○

A37 다리가 아플 때 간절하게 생각나요

							1	1	1	1		
						5	1	1	1	1	1	
			4	5	4	2	2	4	4	2	6	10
		7										
	1	1										
	1	1										
	1	1										
		8										
	2	2										
		10										
		10										
2	2	2										
2	2	2										

난이도 ●○○○○

A38 꽃말이 행복이래요

				1		1		2	1		1	
			7	3	1	2		2	1	1	2	6
			2	1	1	2	10	2	2	2	2	3
2	4	2										
1	2	1										
1	1	1										
2	1	2										
		10										
2	3	1										
	1	1										
	2	1										
	1	7										
	5	4										

난이도 ●○○○○

A39 달콤해서 자꾸 생각나요

		2	1	1	3	2	2	3	4	7	7
		7	7	4	3	2	2	3	2	1	2
2	7										
1	7										
1	4										
3	3										
2	2										
2	2										
3	3										
4	2										
7	1										
7	2										

난이도 ●○○○○

A40 빨갛고 동그래요

									3	1		
						3	2	1	1	1	2	
			4	4	3	4	6	6	8	4	2	4
		4										
	4	1										
	5	2										
	4	1										
	2	5										
1	4	2										
	5	1										
	5	1										
		7										
		5										

난이도 ●○○○○

A41 하나라도 없으면 안 돼요

				1	2	4				3	3
		3	4	4	4	5	8	7	8	3	1
1	3										
	7										
	8										
	4										
2	4										
3	6										
	9										
	7										
	4										
	2										

난이도 ●●○○○

A42 동그랗고 달콤해요

						4	3	2				
					7	3	3	4	6	4	3	
			6	8	1	1	2	1	2	2	3	4
		6										
		8										
	4	4										
4	3	1										
3	3	2										
	7	1										
	6	2										
	4	2										
	2	3										
		4										

난이도 ●●○○○

A43 시력이 나빠지면 꼭 필요해요

				3	2	1			1	1	3	
				2	1	2	1		2	1	2	
			6	2	1	2	3	3	2	1	2	7
	3	3										
	2	1										
	1	2										
	2	1										
	1	1										
	4	4										
2	4	2										
1	2	1										
2	4	2										
	3	3										

SIZE: 15×15 20×20

난이도 ●○○○○

B44 냥! 하고 울어요

Column clues (top to bottom):

Col	1	2	3	4	5	6	7	8	9	10	11	12	13	14	15
						4	4		4	4					
		4	5		10	3	4	7	4	3	10		5	4	
	7	6	5	15	3	2	2	3	2	2	3	14	5	5	6

Row clues (left to right):

Row					
1				1	1
2				3	3
3				4	4
4					13
5					13
6					15
7	2	2	3	2	2
8	1	2	1	2	1
9	2	2	3	2	2
10					15
11				7	7
12		4	2	2	3
13			4	1	4
14					12
15					8

난이도 ●○○○○

B45 상의와 하의가 붙어있는 여성복

			1											
	12	10	4	1	3	4	4	3	1	1	9	11	12	
15	2	1	1	1	1	1	1	1	1	4	1	1	2	15

		15
3	4	4
3	4	4
3	2	4
	4	5
	4	5
	5	6
4	4	5
	3	4
	3	3
	2	3
	2	2
	1	1
	2	2
	4	4

난이도 ●○○○○

B46 마음을 담은 편지를 전해요

					3	3	4						4	4	3		
				2	5	3	1	5	6	6	6	5	1	3	5	2	
			10	8	1	2	3	4	5	5	5	4	3	2	1	8	10
		3															
		5															
		8															
		11															
		13															
		15															
	1	1															
	2	2															
	3	3															
	4	4															
5	3	5															
4	5	4															
3	7	3															
2	9	2															
		15															

난이도 ●○○○○

B47 멍멍!

Column clues:

	10	8		3	1			4	4	3				
	1	3	6	3	3		4	1	3	3	1		3	
15	2	2	2	2	2	1	1	1	2	1	2	2	6	15

Row clues:

	6	5	2
	5	4	2
	5	4	2
	4	3	1
		4	1
	6	3	1
3	2	2	1
3	2	2	2
		2	2
		3	3
	1	1	4
	3	3	2
	1	5	2
		6	1
		5	1

난이도 ●○○○○

B48 왕이 살았어요

				1			3	3		3	3	3		3	3			1
				3	2	10	4	4		4	4	4		4	4	10	2	3
				2	7	2	2	2	14	2	2	2	14	2	2	2	7	2
		1	1															
			11															
			13															
			15															
1	1	1	1															
1	1	1	1															
			11															
	1	11	1															
			15															
			15															
1	1	1	1															
1	1	1	1															
1	1	1	1															
			15															
			15															

난이도 ●○○○○

B49 이곳에 가서 기도를 해요

Column clues:

						1		1						
						3	7	3						
						2	1	2						
	2	2		2	3	1	1	1	3	2		2	2	
5	1	1	9	1	6	1	1	1	6	2	9	1	1	5

Row clues:

					1
					3
					1
					1
					5
					7
					9
				1	1
			1	3	1
		3	2	2	3
		4	1	1	4
	1	1	5	1	1
1	1	1	1	1	1
	1	1	1	3	1
					15

난이도 ●○○○○

B50 보고있으면 마음이 싱그러워져요

Column clues:

1	2	3	4	5	6	7	8	9	10	11	12	13	14	15
			2	1					1	1	2	4	5	
	4	4	2	2	1	2	6	2	2	1	2	1	2	
5	2	2	1	1	3	1	1	4	3	1	1	1	2	12
9	5	4	3	4	5	6	3	3	2	4	3	1	1	2

Row clues:

				15
		4	3	4
		3	1	3
		4	1	4
1	2	1	3	2
			6	1
	1	1	1	1
				15
	3	1	2	2
	1	1	2	1
	2	2	2	2
		3	3	5
				12
		6	3	1
		6	2	3

난이도 ●○○○○

B51 미국 화폐를 뜻해요

					3				3					
	1	4	6	8	3				3	4	3	2	1	
15	1	2	3	4	3	15	15	15	3	8	6	4	1	15

		2	3	2
		1	7	1
		1	9	1
		1	11	1
1	3	3	3	1
	1	3	3	1
		1	9	1
		1	9	1
		1	9	1
	1	3	3	1
1	3	3	3	1
		1	11	1
		1	9	1
		1	7	1
		2	3	2

난이도 ●○○○○

B52 럭비를 할 때 써요

							2							
			1		2		1		2		4			
	2	1	1		2	1	2	2	1	3	1	5	7	
	1	2	1	7	1	6	1	6	2	4	3	2	1	
15	7	5	4	3	2	2	2	1	1	3	1	1	2	15

			15
	2	2	8
	1	1	5
1	3	2	4
	3	3	3
1	3	2	2
1	2	3	2
1	3	2	1
2	2	3	1
	2	3	1
	3	2	5
	4	2	1
	5	2	1
	8	1	2
			15

난이도 ●○○○○

B53 복슬복슬한 털을 가졌어요

Column clues:

1	2	3	4	5	6	7	8	9	10	11	12	13	14	15
		2			2			1						
	1	1		1	1	3	1	1	2		1		1	
3	4	2	1	1	2	2	3	1	1	1	2	3	4	3
7	7	7	10	6	1	6	1	6	7	6	1	5	1	8

Row clues:

				10
	1	1	2	1
			2	3
	2	1	1	3
		1	7	1
		3	2	3
			4	1
			1	2
		4	1	2
	5	1	4	1
	5	1	5	1
5	1	3	1	1
5	1	3	1	1
5	1	3	1	1
				15

난이도 ●○○○○

B54 네가 좋아했으면 좋겠어!

			1	1					2	1	1			
	2	5	3	2	5				2	2	3	5	2	
4	1	1	1	1	1				1	1	1	1	1	4
2	8	1	1	1	1	14	13	14	1	1	1	1	8	2

		4	4
2	2	2	2
	3	4	3
			11
			15
	1	3	1
	1	3	1
			15
	1	3	1
	1	3	1
	1	3	1
	1	3	1
	1	3	1
	2	3	2
			15

난이도 ●○○○○

B55 이것에 야구선수의 싸인을 받고 싶어요

	1	2	3	4	5	6	7	8	9	10	11	12	13	14	15
				2	2							2			
				2	3	1					2	2			
		5	4	1	2	7	1	1	1	1	7	2	4	5	
	15	5	3	2	2	1	1	1	1	1	2	2	4	5	15

			15
		5	5
		3	3
		5	4
2	3	2	2
1	2	1	1
1	1	1	1
1	1	1	1
1	1	1	1
1	1	1	1
2	2	2	2
	2	2	4
		3	3
		5	5
			15

난이도 ●○○○○

B56 알록달록 고운 색의 물고기예요

Column clues (top to bottom):

1	2	3	4	5	6	7	8	9	10	11	12	13	14	15
	3							2	2	2				
3	2	4	4	4	3	3	2	2	2	3				4
3	1	2	2	2	1	1	4	7	1	2	13	7	5	3
6	4	3	3	3	8	3	4	1	1	1	1	6	5	4

Row clues:

Row	Clues
1	2 11
2	2 11
3	7 4
4	3 7
5	2 9
6	5 1 3
7	2 1 2 2 1
8	1 2 1 2 1 1
9	2 1 1 1 1
10	2 1 1 2
11	1 1 1 3
12	2 1 2 5
13	15
14	8 3
15	15

난이도 ●●○○○

B57 어두운 바다를 비춰요

							2							
							2							
			2			2	2	2			2			
2	3	2	1	2	7	2	2	2	7	3	1	2	2	2
1	2	2	3	6	1	1	1	1	1	6	3	2	1	2
5	5	5	1	1	1	1	1	1	1	1	1	5	5	5

		2	3	2
		3	5	4
		3	1	4
				8
				7
	2	1	1	2
2	1	1	1	3
2	2	1	2	1
			1	1
		1	1	1
		5	1	5
			5	5
				15
			3	3
				15

난이도 ●●○○○

B58 코코넛이 생각나요

															3		
					1	2	2	3					5	5	3	3	2
			3	4	3	3	3	2	6		4	6	2	3	3	4	4
			1	1	1	1	1	5	8	14	2	1	1	1	1	1	1
	4	2															
	6	5															
	3	6															
4	2	3															
		14															
		15															
2	3	3															
	6	2															
2	3	1															
	2	2															
	3	1															
		3															
		3															
		4															
		15															

난이도 ●●○○○

B59 폴짝폴짝 뛰는 게 무척 귀여워요

						5		5						
	1	1	1	2	3	2	7	2	3	2	2		1	
11	7	7	3	1	2	1	2	1	2	1	3	1	8	11
2	2	1	2	2	1	1	1	1	1	2	2	7	1	2

			15
	1	8	1
	1	5	1
	1	3	2
	2	3	2
	3	1	3
	4	1	4
		5	5
4	2	2	4
3	2	2	3
	3	1	3
	2	3	2
		2	2
	2	7	1
		3	2

난이도 ●●○○○

B60 허리가 긴 귀여운 동물

1	2	3	4	5	6	7	8	9	10	11	12	13	14	15
		7			4									
		1		5	1		3							
5	5	1	7	1	1	3	6	2	2	2	1	2		
5	9	1	4	2	1	9	1	8	2	2	4	1	9	5

		12	1
		11	3
		8	3
		6	2
		5	2
		2	1
	7	2	1
	2	6	1
3	5	1	1
	2	3	3
		2	3
	2	2	3
		6	1
1	1	1	1
		3	3

난이도 ●●○○○

B61 시간이 흐르고 있어요

Column clues (top to bottom):

				2	2				2	2	2			
				2	3	2		2	3	3	2			
		2	5	2	2	5	2	4	1	2	2	5	2	
4	4	4	4	1	2	4	11	4	3	2	1	4	4	4

Row clues (left to right):

		12
		12
	1	1
	1	1
		10
		8
		6
		3
	3	2
2	1	2
2	1	2
4	3	3
4	4	3
4	6	3
3	8	2

난이도 ●●○○○

B62 하늘에서 시원한 ○가 내려요

							6	4	3	2	2				6				
					7	6	1	1	2	2	1	2	3	4	1	4	4	5	
					6	5	1	5	3	5	2	5	3	6	2	6	3	7	15
				15															
				15															
			5	7															
			4	6															
		3	1	2															
		5	1	1															
		1	2	1															
			1	1															
				2															
			1	6															
			10	4															
	2	3	3	4															
2	3	3	1	2															
2	1	3	3	2															
	4	3	3	2															

난이도 ●●○○○

B63 립밤이나 립스틱은 어디에 바르죠?

						3	6	6	1	1	1	3	2				
						2	3	4	4	3	4	3	3	2			
			3	4	6	3	3	3	3	3	3	3	3	3	5	3	2
		2															
		2															
		2															
	3	2															
	3	2															
		7															
		0															
	3	3															
		11															
		15															
3	4	3															
	4	3															
		12															
		10															
		7															

난이도 ●●○○○

B64 따르릉 따르릉 비켜나세요~♬

Column clues (top to bottom, columns 1–15):

1	2	3	4	5	6	7	8	9	10	11	12	13	14	15
			2				2					2		
		1	1			1	1	1	2		1	1	2	
	2	2	3	6	5	1	2	1	3	7	6	1	2	
7	3	2	2	2	3	7	2	7	3	2	2	2	3	7

Row clues (rows 1–15):

Row	Clues
1	3
2	1 4
3	1 2
4	1 1
5	4 1
6	3 1
7	8
8	5 5
9	2 3 2 1 2
10	1 2 1 1 1 1
11	1 2 3 2 1
12	1 2 3 1 1
13	2 2 2 2
14	15
15	15

난이도 ●●○○○

B65 한 잔의 여유를 즐겨보세요

1	2	3	4	5	6	7	8	9	10	11	12	13	14	15
	1	2				2			2					
	2	1	3	1	1	1	1	3	2	1				
	2	4	4	4	7	4	4	4	2	1		2	5	3
9	3	2	2	1	1	1	1	2	2	3	9	4	3	4

	2	2	1
	2	1	2
	1	1	1
			9
	2	1	3
	1	7	3
			15
	10	1	2
1	7	1	2
		1	3
		2	3
		3	6
		4	7
		6	2
			1

난이도 ●●○○○

B66 또각또각

											4	3	3	2				
			6	15	11	11	5	6	7	7	5	4	4	6	5	4	3	
	1	1																
	1	1																
	1	1																
	1	2																
	3	1																
	5	2																
	6	1																
	7	2																
	8	1																
	8	1																
4	4	4																
	3	10																
	3	9																
	3	8																
	3	6																

난이도 ●●○○○

B67 무언가를 자를 때 사용해요

						2	2	3						3	2	2		
				4	6	3	2	2			2	3		3	2	3	6	4
				1	3	4	4	4	12	10	2	6	12	4	4	3	3	2
		4	4															
		6	6															
2	3	3	2															
2	2	2	2															
3	2	2	3															
		6	5															
			11															
			6															
		2	2															
			7															
			9															
		5	5															
		5	5															
		3	4															
		3	2															

난이도 ●●○○○

B68 어두운 곳에서 책을 보거나 공부할 때 유용해요

													1				
					3	4				2	2	3	2	5	4		
			2	5	2	1	6	7	5	1	1	2	3	3	3	6	3
			2	2	2	2	2	2	2	1	1	1	1	2	2	2	2
		3															
5	3	1															
		13															
	7	3															
1	4	3															
2	3	2															
	5	2															
	1	2															
		3															
		3															
		3															
		3															
		4															
	7	4															
		15															

난이도 ●●●○○

B69 단단한 근육을 자랑해요

				2	1		1	1	2					
				2	1	1	2	4	2	4	2			
	7	5	3	2	3	7	1	1	1	2	1	2	2	
15	2	2	1	1	1	1	1	1	2	2	2	4	2	2

				10
			5	2
	4	1	1	1
3	1	1	1	1
		3	1	5
		2	5	3
		2	1	4
		1	2	2
			1	6
			1	2
			1	1
			1	2
			1	1
			3	5
				14

난이도 ●○○○○

B70 날 좋은 오후, ○○○ 타고 공원에 가요

Column clues (left to right, top to bottom):

1	2	3	4	5	6	7	8	9	10	11	12	13	14	15	16	17	18	19	20
14 2	12 4 1	11 6	2 6 6 1	1 1 5 4 2	1 2 4	1 2 4 8	1 2 4 1 8	3 4 2 7	2 4 3 3 2	2 5 4 2 2	2 5 5 2	3 3 1 3 2 2	7 1 1 7	6 9	6 2 2 2	6 2 1 4 1	6 4 3	11 4 1	12 2

Row clues (top to bottom):

8 8
4 12
3 15
3 5 7
4 10
5 14
5 8 2
5 6 3
5 8 5
5 5
3 7 3
2 2 5 3 1
1 3 2 4 2
1 3 3 2 2 1 1
4 4 1 2 1 1
3 5 3 3
3 6 3 3
2 4 2 1
1 12 1
2 14 2

난이도 ●●○○○

B71 신날 때 쓰는 이모티콘

1	2	3	4	5	6	7	8	9	10	11	12	13	14	15	16	17	18	19	20
													2						
			4	3	2	2	1				1	1	1	2	3				
			1	2	1	3	1	1	1	1	1	3	1	2	1				
			1	2	1	1	1	1	1	1	1	1	1	2	1	4			
	7	5	1	3	4	3	3	3	3	3	3	3	2	3	2	1	5	7	
20	7	5	4	3	2	2	1	1	1	1	1	1	2	2	3	4	5	7	20

			20
		7	7
		5	5
		4	4
		3	3
2	2	2	2
2	3	3	2
1	2	2	1
1	3	3	1
1	2	2	1
		1	1
		1	1
	1	14	1
2	2	2	2
	2	11	2
	3	9	3
	4	7	4
		5	5
		7	7
			20

난이도 ●●○○○

B72 바다에 사는 포유동물

Column clues:

1	2	3	4	5	6	7	8	9	10	11	12	13	14	15	16	17	18	19	20
									1	1	2	3	1	2	5				
		8	3	2	7	4	4	3	2	2	1	1	1	4	1	2	2	4	
3	4	6	2	1	1	2	1	1	1	1	2	2	1	1	1	1	1	2	3
8	13	2	2	2	3	4	5	3	2	2	1	1	1	1	1	3	3	4	10

Row clues:

Row	Clues
1	3 3
2	4 4
3	9
4	7 4
5	1 1 2 2 2
6	1 1 2 5
7	1 1 3 2
8	2 2 2 2
9	1 9
10	1 5
11	1 2
12	2 1
13	3 1
14	3 2 1
15	4 2 1
16	6 1 1
17	3 2 4 2
18	2 4 9
19	11 4
20	20

난이도 ●●○○○

B73 후~하고 불어 보아요

Column clues (left to right, top to bottom):

1	2	3	4	5	6	7	8	9	10	11	12	13	14	15	16	17	18	19	20
	5	1	1						4			5	4						
	1	3	3	2	3	1			2	4	5	1	2	5	5	7			
3	2	4	2	2	1	2	4	8	2	2	2	1	1	2	2	3	6	9	
2	3	2	2	7	1	2	2	1	1	1	2	3	2	1	1	3	5	2	7
7	3	2	2	3	6	1	1	5	5	2	5	1	1	5	1	1	1	2	7

Row clues (top to bottom):

				4	8
			2	2	10
			4	1	12
				6	12
		4	2	2	6
				1	4
		3	2	1	2
		2	3	2	2
1	2	2	1	1	3
			5	6	3
	2	1	2	1	3
				4	8
			1	5	2
				5	2
			6	1	1
	2	6	4	1	1
		1	5	6	1
2	2	2	2	1	1
	6	2	1	1	2
				10	9

난이도 ●●○○○

B74 쌉쌀한 커피 위에 달콤한 크림이 듬뿍

Column	Clues
1	6 7
2	6 3 3
3	4 4 2 2
4	4 4 5 2
5	3 2 2 3 1 1
6	3 1 2 3 1
7	2 2 1 1 3 1
8	1 1 1 1 1 1 1 1
9	2 1 3 1 1 1
10	3 1 3 1 1
11	2 2 3 1 1 1
12	4 3 1 1 1
13	1 2 4 3 1
14	2 1 4 4 1
15	2 6 4 1
16	2 5 5 1 1
17	3 5 2 2
18	5 2 3 2
19	6 8 3
20	6 3 7

Row	Clues
1	8 2 8
2	7 3 7
3	6 2 2 4
4	4 3 4 3
5	2 3 2 2 3
6	2 2 4 2 2
7	1 5
8	3 11
9	4 11
10	1 9 4
11	2 2 2
12	1 1 2
13	2 1 2
14	5 6
15	6 7
16	2 4 5 2
17	1 3 4 1
18	2 8 2
19	4 4
20	20

난이도 ●●○○○

B75 마주잡은 손이 무척 사랑스러워요

Column clues (left to right, top to bottom):

Col	Clues
1	10 4
2	10 4
3	10 2
4	4 2 1
5	5 1 2
6	1 5 2
7	2 1 2
8	4 1 1
9	4 1 1 1
10	1 1 1 1 2
11	5 3 3
12	2 10
13	2 1 2
14	4 1
15	7 3 1
16	11 3
17	9 4
18	8 6
19	8 10
20	20

Row clues (top to bottom):

Row	Clues
1	7 11
2	5 2 10
3	5 1 1 7
4	5 1 1 7
5	3 2 2 2 6
6	3 1 1 1 6
7	3 1 1 1 6
8	3 7 5
9	6 2 2 1
10	4 4 1 1
11	2 2 2
12	1 1 2
13	7 2
14	3 2
15	2 3
16	6 3
17	7 4
18	3 5
19	2 5
20	2 6

난이도 ●●○○○

B76 우끼끼끼!

Column clues (top to bottom):

1	2	3	4	5	6	7	8	9	10	11	12	13	14	15	16	17	18	19	20
									2	1									
				1		2	2	1	6	2	1	1			3				
		3	1	6	9	3	3	3	4	7	3	2	1	1	3	3	3	2	
20	20	10	6	1	6	6	6	4	2	2	12	13	16	11	3	3	4	6	6

Row clues:

		2	3	7
		3	5	3
		4	3	4
		6	4	3
		2	3	6
2	3	1	1	2
		2	7	5
		2	8	7
			2	16
		2	6	3
		3	6	2
		3	8	2
		3	10	2
		3	10	1
		3	5	4
		3	3	3
		3	3	3
		3	3	3
		3	2	5
			3	4

난이도 ●●○○○

B77 쉬운 것 같지만 생각보다 쉽지 않아요

Column clues:

	C1	C2	C3	C4	C5	C6	C7	C8	C9	C10	C11	C12	C13	C14	C15	C16	C17	C18	C19	C20
1				3					4	6				3	4	3		3	4	3
2		5	5	1	11	12	12	11	1	1	5	3		3	3	3		4	4	3
3	3	4	1	1	1	1	1	1	1	1	1	4		2	4	3	12	3	4	3
4	2	2	6	1	1	1	1	1	1	1	6	2	2	6	1	1	1	1	1	6

Row clues:

Row				
1			2	2
2		4	2	3
3		4	3	3
4	2	4	2	6
5	3	4	3	3
6		12	1	2
7		12	2	4
8			10	7
9			6	6
10			4	3
11		4	1	1
12	11	2	1	2
13		1	1	7
14		1	1	5
15			11	7
16	1	1	1	1
17	1	1	1	1
18	1	1	1	1
19		3	4	1
20				20

난이도 ●●○○○

B78 특히 밤에 생각나는 이것!

Column clues (top to bottom):

Col	1	2	3	4	5	6	7	8	9	10	11	12	13	14	15	16	17	18	19	20
		2					1				1	3		1					2	
		2	2		2	1	2	5	2		3	4		3	3	2	2	2	2	2
		3	2	5	4	2	2	5	3	1	3	3	1	3	7	2	2	2	3	2
	5	3	4	6	4	3	1	1	4	3	1	1	3	1	1	6	6	5	3	5
	2	2	4	2	1	1	1	1	1	1	1	1	1	1	1	1	2	4	2	2

Row clues:

Row	Clues
1	10
2	4 2 1 6
3	4 2 2 7
4	1 2 1 1
5	4 2 2 7
6	4 1 1 6
7	2 2 1 1
8	3 1 2 2
9	1 2 1 5
10	3 2 2 6
11	5 2 1 6
12	6 2 2 5
13	1 4 2 1 3 1
14	1 13 1
15	2 2
16	1 1
17	2 2
18	1 1
19	4 4
20	20

난이도 ●●○○○

B79 노래를 불러요

Column clues (left to right):

1	2	3	4	5	6	7	8	9	10	11	12	13	14	15	16	17	18	19	20
10	13	20	5 4 1	3 1 2 3 1	2 2 1 2 2 1	2 2 2 1 1	1 3 1 1 1	2 1 1 2 1 2	3 2 4 1 2	12 4	5 1 1 1 1	1 2 2 1 2	6 1 1	1 3 1	1 3 1 1	1 4 2 1	3 4	8 1	2 3

Row clues (top to bottom):

Row	Clue
1	8
2	6 3
3	4 3
4	4 2
5	6 4
6	3 1 3
7	3 1 4
8	3 4 1 4
9	4 2 1 2 1
10	5 5 4
11	7 3 1 4
12	4 6 2 1 1
13	3 1 4 2 1
14	2 1 1 1
15	1 2 2 1
16	1 10 1
17	1 1 6
18	1 2 2 1
19	1 5 1 1
20	7 7

난이도 ●●○○○

B80 공경의 뜻을 담아 인사해요

1	2	3	4	5	6	7	8	9	10	11	12	13	14	15	16	17	18	19	20
13	2 8	2 7	2 1 7	4 3 7	2 4 7	1 1 2 2 6	1 1 1 2	12	5 2 1	1 3 2 2 5	2 2 1 10	1 3 1 10	5 3 2	4 3 1	6 4	2	2 5	2	9

Row	Clue
1	6
2	2 1 3
3	6 4
4	2 8
5	2 8 1
6	3 1 1
7	2 5 2
8	2 2 2 2
9	1 2 7
10	1 5 1 1 3
11	1 2 3 2 4
12	1 1 4 1 2
13	2 8 1
14	6 2 1
15	7 2 1
16	7 3 1 1
17	7 3 1 1
18	7 3 1 1
19	7 3 1 1
20	7 3 1 1

난이도 ●●○○○

B81 평생 한 마리의 암컷만을 사랑한대요

Column clues (top to bottom, columns 1–20):

1	2	3	4	5	6	7	8	9	10	11	12	13	14	15	16	17	18	19	20
																1			
														2	1	2	2	1	
9			13		2	1					8	4	6	3	2	4	2	2	
1	20	20	3	16	11	7	7	7	8	9	1	12	12	9	11	3	4	3	1

Row clues (left to right, rows 1–20):

Row	Clues
1	2 5
2	3 3 2
3	4 2
4	5 2
5	6 3 1
6	7 6
7	5 4
8	11
9	15
10	16
11	17
12	17
13	17
14	18
15	2 2 7 2
16	2 2 6 2
17	2 2 5
18	5 2 2
19	4 2 2
20	4 3 1

난이도 ●●○○○

B82 콧수염이 멋있으세요

열	힌트
1	5
2	7
3	8
4	1 6
5	7 2 5
6	5 3
7	8 4
8	4 4
9	2 1 7
10	3 2 5 4
11	3 1 2 4
12	3 2 4
13	3 2 4
14	3 6 3 4
15	3 2 8
16	3 1 5
17	11 1
18	2 1 7
19	1 6
20	5

행	힌트
1	10
2	12
3	4 10
4	4 2
5	3 1
6	3 3 4
7	1 1 1 2 1
8	1 1 1 1
9	1 2 1
10	2 5 1
11	2 4 5
12	6 3
13	3 10
14	2 11
15	3 9 2
16	5 1 3 1 3
17	5 2 2 3
18	5 1 1 3
19	5 1 1 3
20	5 1 1 3

난이도 ●●○○○

B83 이제 잘 보여요!!

Column clues (left to right, top to bottom):

Col	Clue
1	11
2	2 1 2
3	1 1 1
4	1 4 1
5	10 1
6	5 5 1
7	3 1 2 1 2 2
8	4 1 2 1 2 3
9	4 1 1 1
10	5 2 2 1
11	5 4 4
12	5 1 4
13	5 4 4
14	5 2 2 3
15	5 1 2 1 1
16	5 1 2 1 1
17	5 1 1 2 3
18	4 2 2 3
19	5 4 2 2
20	11 4

Row clues (top to bottom):

Row	Clue
1	8
2	12
3	14
4	15
5	15
6	1 2
7	5 5 1
8	5 2 2 3
9	2 1 2 3 2 2
10	1 2 2 1 1 2 2
11	1 3 2 2 3
12	1 7 5 1
13	6 3 2
14	1 3 4 2
15	1 4 4 2
16	1 1 12
17	1 1 2
18	1 1 1 1
19	2 2 1 1
20	7 1 1

난이도 ●●○○○

B84 졸려요…

Column	Clues
1	4
2	4 1
3	4 1
4	8 1 1
5	8 1 3
6	4 1 1 7
7	3 1 6
8	2 3 2
9	2 5
10	3 1 1 3
11	3 1 4 2 1
12	3 1 1 1 1
13	4 1 1 1 1
14	4 2 4
15	7 3 1 1
16	6 3 3 1
17	12 1
18	12 1
19	10 1
20	7

Row	Clues
1	11
2	13
3	3 9
4	3 6
5	2 4
6	5 3 5
7	2 1 1 3
8	2 2 3
9	4 3 3
10	1 1 1 1 5
11	2 1 1 1 6
12	1 14
13	1 3 3
14	6 3
15	1 1 1 2
16	1 1 1 1
17	2 1 6 1
18	1 2 2 1 1
19	1 1 1 1 1
20	5 11

난이도 ●●●○○

B85 좋다는 뜻이에요

							2	1	1	1	3	2	2	2	2		11		
		1		4	3	2	2	1	2	1	3	3	3	4	5	9	1	13	
20	6	6	6	2	3	3	1	2	3	3	2	5	6	6	4	2	1	4	20

			1	18
		1	5	9
	1	3	3	4
	1	2	3	4
	1	1	2	6
	1	2	1	8
	1	1	2	10
	1	1	1	10
1	1	1	3	5
1	1	1	1	3
1	1	1	2	3
	1	2	2	2
			1	8
		1	5	1
		2	5	1
		2	5	1
		2	3	2
			2	2
			2	2
			2	3

난이도 ●●●○○

B86 물 위에 귀여운 가족이 떠 있네요

Column clues (left to right, top to bottom):

Column	Clues
1	6 6
2	2 6 2 2
3	2 5 1 1
4	3 5 1 1
5	7 5 1 1
6	2 2 4 1 1
7	1 2 2 2
8	1 2 6
9	1 2 2 2 3
10	2 4 1 1 1 1
11	4 1 2 1
12	1 1 3 1
13	1 1 1 3 1
14	2 1 1 4 1
15	2 3 1 5
16	1 2 1 1 2
17	3 2 1
18	2 6 1 1
19	9 1 1
20	8 2

Row clues (top to bottom):

Row	Clues
1	5
2	2 2
3	2 2 1
4	4 2 1
5	5 2
6	2 1
7	1 7
8	5 2 7
9	4 4
10	4 1 5 2
11	4 3 2 3
12	5 5 4
13	2 2 5
14	1 3 2 3
15	2 10 1 3
16	2 2 2 4 2
17	1 1 1 4
18	1 3 2 1 2
19	2 3 2 2 1
20	10 7

난이도 ●●●○○

B87 울지 말아요

Column clues (top to bottom):

Col	1	2	3	4	5	6	7	8	9	10	11	12	13	14	15	16	17	18	19	20
				3		3	4			4	5									
			6	1	4	3	1	3		1	2	6	7	5		6				
		4	1	1	9	2	4	1	4	1	1	4	4	8	11	2	3	4	4	4
	10	3	1	1	1	2	4	1	9	5	2	1	1	1	2	2	2	4	6	7

Row clues (left to right):

Row	Clues
1	9
2	11
3	13
4	3 1 7
5	1 6
6	1 5
7	4 3 1 5
8	2 2 1 2 6
9	1 3 1 1 7
10	1 1 1 5 3
11	5 9 1
12	1 1 1 1 3
13	1 5 4
14	1 3 1 1 5
15	1 1 2 1 4
16	1 1 1 3
17	1 1 1 3
18	2 1 1 1 2
19	2 2 2 2 2
20	7 5 1

난이도 ●●●○○

B88 홍차를 넣는 용기

1	2	3	4	5	6	7	8	9	10	11	12	13	14	15	16	17	18	19	20
								2	1			2							
								1	3	1	5	1							
						2		2	1	3	1	2		2					
	2	2		3	8	1	3	1	1	1	1	1	3	1	3			3	
4	5	2	3	2	2	2	2	2	2	1	2	2	2	2	2	8	2	3	6
4	4	4	6	3	2	2	1	1	1	1	1	1	1	1	2	3	8	4	4

Row clues
3
1 2
5
3
7
2 2
3 4 4 2
4 1 5 5
1 5 4 2
2 3 7 1 1
1 2 1 1
1 1 1 2
1 1 4
2 2 3
3 2
1 2 2 1
4 2 2 2 2 3
5 2 2 4
7 5
20

난이도 ●●●○○

B89 호박으로 만드는 귀여운 물건

						3	4					4	4	2	2	3			
			3	3	5	2	2	4	4	4	4	2	2	4	3	3		2	
	3		1	2	2	3	2	2	2	2	2	2	3	3	2	1	2	3	1
2	3	4	1	3	3	3	4	3	4	3	3	4	3	3	3	1	4	2	2
10	6	3	2	2	1	1	1	1	1	1	1	1	1	1	1	2	3	5	11

					10
					13
				9	4
					10
		2	2	2	2
					20
					18
				2	2
				2	2
		1	4	4	2
		2	4	4	1
		1	2	3	1
				1	1
		1	2	2	1
2	2	3	2	2	1
			2	12	2
			2	10	2
	3	2	2	2	3
				5	4
					20

난이도 ●●●○○

B90 Headfish라고도 불린대요

1	2	3	4	5	6	7	8	9	10	11	12	13	14	15	16	17	18	19	20
																		3	
		1		1	1		1	1	1	2	1		2	4	5			1	
2	5	2	2	2	2	2	1	3	3	3	2	1	3	3	4	10	6	2	2
10	7	5	3	1	2	2	4	4	4	2	1	4	1	1	3	4	4	4	11

Row	Clues
1	5
2	5 6
3	4 9
4	3 5
5	2 4
6	2 2 4
7	2 2 1 1
8	3 4 1 1
9	1 5 2 2
10	1 3 2 2
11	2 1 1
12	2 2 1
13	3 1 2
14	3 2 2
15	4 1 4
16	6 2 4
17	4 6 1 3
18	7 3
19	3 4
20	3

난이도 ●●●○○

B91 겨울철 대표적인 길거리 간식

Column clues (top to bottom):

1	2	3	4	5	6	7	8	9	10	11	12	13	14	15	16	17	18	19	20
8	3 10	2 2 1 5 1	1 3 7	3 2 3 2	1 2 1 6	4 10 1	3 1 1 5	2 2 2 4 1	4 6 4	2 1 1 8	3 2 12	1 6 1 6	1 2 1 10	6 3 1 1 3	2 11 2	1 1 2 2 1 4	3 2 2 1 2	3 1 4	5

Row clues (left to right):

Row	Clue
1	7
2	2 1 9
3	1 4 3 2
4	3 2 1 7
5	1 2 2 3 1
6	2 1 3 2 5
7	4 1 4 2 1
8	2 1 1 1 4
9	3 3 2 7
10	5 6 2
11	4 1 1 1 7
12	6 2 3 3 1
13	8 2 3 1
14	1 9 1 5
15	3 11 2
16	3 1 5 2 1
17	10 3
18	5 2
19	7
20	6

난이도 ●●●○○

B92 부드러운 빵 안에 분홍 소시지가 너무 좋아요

Column	Clues
1	5
2	9
3	3 4
4	2 2 6
5	1 2 2 4
6	4 2 4
7	3 1 2 5
8	2 3 5
9	6 3 2
10	4 1 3
11	3 6
12	7 4
13	5 4 2
14	3 3 3
15	2 3 2 1 1 5
16	1 2 1 2 3 6
17	1 2 3 3 2
18	2 1 2 2
19	2 6
20	7

Row	Clues
1	5 4
2	4 2 2 2
3	3 4 1 2 2
4	2 6 6 1
5	2 1 1 1 1 1
6	2 2 2 1 3 1
7	5 2 1 2 1
8	4 4 1 4 1
9	3 6 3 2
10	2 2 2 1 1
11	2 2 6 1
12	6 2 2 1
13	5 3 3 1
14	4 5 2
15	7 1 3
16	5 4
17	2 2
18	2 2
19	2 2
20	2 2

SIZE: 25×25

난이도 ●●○○○

C93 밀짚모자를 쓰고 해적왕을 꿈꿔요!

열	힌트
1	8 5 2
2	7 4 2
3	7 3 1
4	6 3 2
5	6 7 3
6	3 1 5 2 4
7	2 2 8 1 4
8	2 1 4 2 5
9	1 1 3 1 7
10	1 2 4 2 2 2 2
11	1 1 1 1 3 1
12	1 1 3 1 3 1
13	1 1 6 1 4 1
14	1 1 4 4 1
15	1 1 2 3 4 1
16	1 1 3 2 5 2
17	1 1 2 1 2 5
18	3 4 1 7
19	3 5 1 3 5
20	4 12 4
21	4 1 5 3 4
22	4 5 3 3
23	5 3 1 4 1
24	6 5 2
25	7 7 2

행	힌트
1	25
2	8 8
3	6 16
4	5 4 6
5	7 3
6	5 3 2
7	3 12 1
8	1 3 3 6 1
9	4 3 1 3 2
10	3 1 1 6
11	3 1 4
12	3 3 3 4 1
13	3 2 1 2 4 1
14	1 3 1 2 2
15	2 1 1 2 1 3
16	5 1 1 6
17	6 8 7
18	8 8 7
19	2 6 2
20	2 3 2
21	5 4
22	4 9
23	8 8
24	2 7 6 2
25	1 6 5 1

난이도 ●●○○○

C94 우리 가족이 모두 모였네요!

세로 열	힌트
1	9 4
2	6 10 5
3	4 2 2 7
4	3 1 3 5 3 1
5	3 1 10 1 1
6	3 2 5 3 3 1
7	3 1 7 2 1 1
8	4 6 1 1 1 3
9	6 3 2 1 1 1 1
10	3 2 3 3
11	3 3 3 1
12	6 2 1
13	8
14	5 9
15	2 2 9
16	2 1 11
17	8 2 1 8
18	9 1 1 7
19	3 2 3 1 9
20	2 5 10
21	3 1 6 1 7
22	3 2 1 1 9
23	4 4 5 7
24	10 1 5
25	17

가로 행	힌트
1	6 5
2	8 7
3	8 3 5
4	2 2 2 3
5	1 1 1 1 3 1 2
6	1 1 1 3 1 2
7	2 2 2 2 2 2
8	2 2 5 3
9	7 11
10	10 2 5 3
11	3 8 1 6
12	2 5 2 1 1 1 1 1
13	2 4 1 1 1 1 1 1 1
14	2 2 1 2 1 2 2 2 1 1
15	2 2 2 1 2 2 1 1
16	2 3 2 5 1 1
17	2 7 3 5 1
18	2 4 11 1 1
19	4 3 14
20	2 11
21	2 1 1 12
22	3 1 1 12
23	3 7 12
24	3 1 1 6 4
25	17 4

난이도 ●●○○○

C95 누구 허리가 더 유연할까~

Column clues

Column	Clue
1	2 3 1
2	20 3
3	24
4	2 8
5	2 3 9
6	2 1 1 4 2
7	2 2 2 4
8	2 3 6
9	2 3 1 5
10	2 1 3 6
11	2 1 2 10
12	2 2 1 12
13	2 2 11
14	2 2 10
15	2 2 4 4
16	2 2 2 4
17	2 5 2 4
18	2 1 3 1 4
19	2 2 1 1 5
20	2 1 1 2 7
21	2 1 5 6
22	2 2 3 3
23	2 4
24	25
25	25

Row clues

Row	Clue
1	2 2
2	2 2
3	25
4	25
5	2 2
6	2 4 2 2
7	2 1 2 2 2 2
8	2 3 2 2 1 4
9	2 1 2 3 2 1 3
10	2 1 4 4 5
11	2 3 1 10
12	2 1 3 2 2 2
13	2 7 1 2
14	2 8 2 2
15	2 16 2
16	16 2
17	15 2
18	8 5 2
19	5 10 2
20	4 11 2
21	4 11 2
22	5 10 2
23	5 4 2
24	2 3 2
25	3 2

난이도 ●●○○○

C96 공중에 던지고 잡아요!

Column clues (left to right, top to bottom):

Col	Clue
1	0
2	3 4
3	1 3 1 2
4	5 2 1
5	5 1 4
6	3 3 2 1 2
7	5 5 1
8	5 2 1 2
9	1 3 7 1 6
10	5 3 3 4
11	3 2 2 11
12	3 3 10
13	3 2 1 4
14	3 2 2 1 4
15	4 2 1 4
16	5 2 7
17	7 7 5
18	6 2 4 1 3
19	12 1 2 1 2
20	1 4 3 1 1
21	1 1 3 1 2 1
22	4 5 6 1
23	5 2 2 1
24	1 3 2 2
25	3 5

Row clues (top to bottom):

Row	Clue
1	4 3
2	3 2 1 1
3	6 1 1
4	6 4
5	4 6
6	9
7	11
8	11
9	3 2 4 3
10	1 3 1 2 2 3 3 1
11	5 1 2 2 1 1 5
12	5 1 1 1 5
13	3 1 2 3 3
14	2 2 2
15	2 2
16	13
17	3 2 2 2 3
18	1 4 2 4 2
19	1 2 2 4 3
20	2 3 2 1 2 2
21	5 1 2 7 1
22	1 9 2 1
23	1 10 1 1
24	2 12 2
25	19

난이도 ●●●○○

C97 야옹이가 세수를 하네요!

Column clues (top to bottom):

Column	Clues
1	25
2	2 15 6
3	2 9 4 6
4	3 2 4 3 5
5	1 3 2 1 3 5
6	1 2 2 4 5
7	1 3 4 1 2
8	1 2 6 2
9	2 3 1 3
10	2 3 1 4
11	2 3 6 2
12	3 6 2
13	3 3 2 2
14	3 3 2 2
15	3 3 5 4
16	4 2 4 1
17	4 2 2 1
18	5 2 1 1
19	5 1 1 1
20	6 1 1 1
21	7 1 1
22	8 3
23	9 3
24	10 4
25	13 5

Row clues (left to right):

Row	Clues
1	5 19
2	4 17
3	1 2 14
4	2 2 10
5	5 8
6	4 6
7	3 1 5
8	3 2 1 4
9	5 1 3
10	4 2 2
11	4 1 2 1 1
12	10 1 1
13	3 4 2 3 1
14	2 1 2
15	3 2 2
16	8 2 2
17	13 1
18	8 2 1
19	1 3 2 1
20	3 1 3 2
21	8 4 1 1
22	6 2 4 2
23	6 2 11
24	15 4
25	25

난이도 ●●●○○

C98 멀리 있는 것도 가깝게 보여요

1	2	3	4	5	6	7	8	9	10	11	12	13	14	15	16	17	18	19	20	21	22	23	24	25
															3				4					
						2	1	2			9			3	1	3	3		3	5	9	9	6	
	2	1	2		7	2	1	4	7	8	2	2	3	1	3	2	2	4	1	2	3	2	3	
5	2	1	5	7	1	1	3	5	5	2	1	5	6	6	4	1	1	14	4	2	1	1	2	10
9	9	9	9	12	4	2	1	1	1	2	4	4	2	9	2	1	1	1	1	1	2	2	5	10

					9
					12
					14
				1	7
		9	1	4	5
	2	4	6	3	4
	1	2	6	3	4
1	2	7	2	2	1
1	2	7	2	2	1
2	4	8	1	1	1
		11	1	1	2
1	1	1	2	1	3
	1	2	2	4	3
2	1	2	1	1	2
			5	4	6
	1	1	3	1	2
5	5	1	1	2	1
	5	3	1	3	1
	5	2	1	2	1
	5	1	1	1	1
	5	1	1	1	2
		6	1	1	3
		6	1	2	4
		7	2	7	2
				12	2

난이도 ●●●○○

C99 귀여운 아기 해달

열	세로 힌트
1	25
2	25
3	5 4 8
4	2 5 5
5	7 4
6	6 2 2
7	5 2 3 1
8	4 1 1 1
9	4 3 2
10	4 2 2 1
11	4 1 1 1
12	1 2 3 2 1
13	4 6 1
14	4 3 2 1
15	4 1 1 1
16	3 2 2 1
17	4 3 2
18	5 1 1 1
19	5 2 1 1 1
20	3 2 2 2
21	7 3
22	1 6 4
23	4 5 7
24	24
25	25

행	가로 힌트
1	7 7 7 1
2	11 9 3
3	3 21
4	19 5
5	8 5 2
6	2 3 6
7	5 5
8	4 4
9	3 3
10	3 3
11	2 2
12	2 2 2 2
13	2 2 2 2
14	2 2
15	2 3 2
16	2 3 2
17	2 2 7 2 2
18	3 1 2 1 2 2
19	3 3 1 3 3
20	4 2 3 2 3
21	5 3 3 4
22	6 6
23	9 9
24	5 9 5
25	3 3

난이도 ●●●○○

C100 호흡이 중요한 운동

Column clues (left to right, top to bottom):

Column	Clues
1	15
2	11 2
3	10 1
4	10 1
5	9 1 1
6	9 1 1
7	9 1 1
8	1 9 1 1
9	3 2 1 6 1 1
10	2 3 3 2 1
11	3 1 2 2 3
12	4 4 1 3 1
13	3 3 2 1 1
14	6 5 2 1
15	3 7 2 1
16	1 9 1 1
17	1 3 7 3
18	2 2 9 2
19	2 2 10 1
20	2 14 1
21	3 12 1
22	1 1 2 2 1
23	5 1 1
24	9 2
25	15

Row clues (top to bottom):

Row	Clues
1	5
2	7
3	1 8
4	1 1 2 2
5	1 1 2
6	1 2 1 2
7	2 2 2 1
8	4 7
9	1 1 1 2 1
10	1 1 2 2 1
11	8 11
12	8 8 3
13	8 8 3
14	9 8 2
15	9 8 2
16	9 10 2
17	9 3 9
18	11 4 2
19	10 4 2
20	4 2 3 1
21	2 4 3 1
22	1 6 1 2 1 1
23	1 3 3 1
24	2 1 2 2
25	25

난이도 ●●●○○

C101 팔운동을 해요

Column clues (top to bottom):

Col	Clues
1	5
2	2 3
3	2 3
4	8
5	6 2
6	4 2
7	1 1
8	5 2
9	6 1
10	6 1
11	3 1 2
12	7 1 1
13	3 2 3 7 1
14	4 1 1 2 3 1
15	4 3 1
16	6 2 1 1
17	7 1 1 1
18	5 2 1
19	8 5 2
20	9 13
21	24
22	6 13
23	12
24	5
25	6

Row clues (left to right):

Row	Clues
1	7
2	9
3	11
4	11
5	1 7
6	3 2 4
7	2 1 4
8	1 4
9	2 2
10	1 2 1
11	4 1
12	1 1
13	5 3
14	4 2 6
15	6 3 1 5
16	1 8 1 6
17	1 3 4 1 6
18	6 4 1 6
19	5 3 2 5
20	3 6 6
21	2 1 4 1
22	2 4 1
23	3 4 1
24	4 5 1
25	13 1

난이도 ●●●○○

C102 열심히 달려 보아요

Column clues (left to right, top to bottom):

Col	Clues
1	10 1 1 2
2	13 1 3 1 2
3	13 1 2 1 1 2
4	13 2 2 1 2
5	8 1 1 1 2
6	4 5 1 2
7	1 2 2 4 1 2
8	4 1 2 4 2
9	4 2 1 1 4 2
10	3 1 2 2 5 2
11	5 1 2 1 8 2
12	5 14 2
13	21 2
14	4 13 1 2
15	5 3 5 1 2
16	3 2 1 5 1 2
17	3 1 4 2 4 2
18	5 2 1 1 8
19	2 2 1 6 1
20	2 1 1 5 1
21	3 1 1 1 1 1
22	2 1 1 1 3
23	9 1 1 1 2
24	12 1 1 1 2
25	12 1 1 1 2

Row clues (top to bottom):

Row	Clues
1	3 3 5
2	3 11 2
3	3 11 2
4	4 2 5 1 2
5	4 2 3 1 1 3
6	5 2 1 3
7	5 2 1 3
8	5 8 3
9	5 3 6 3
10	7 5 1 2 3
11	6 6 5 3
12	7 1 3 3 5
13	8 4 7
14	3 3 3
15	3 8
16	3 6 8
17	2 2 7
18	2 3 10
19	1 22
20	3 8 4
21	9 8
22	7 3 3
23	5
24	18 4
25	25

난이도 ●●●●○

C103 난 이 각도가 제일 멋져

Column clues (left to right, top to bottom):

Column	Clues
1	5 10
2	1 2 10
3	7 2 10
4	5 4 10
5	4 1 10
6	1 1 2 10
7	3 2 1 10
8	2 3 1 2 10
9	3 2 1 10
10	1 1 1 10
11	1 12
12	2 11
13	2 2 1 7
14	5 4
15	4 2 3 4
16	3 2 1 1 13
17	3 1 1 3
18	4 1 7
19	6 6
20	5 4 3
21	9 3
22	9 2 9
23	7 1
24	5 2
25	13

Row clues (top to bottom):

Row	Clues
1	2 1 8
2	2 3 10
3	3 2 2 12
4	1 2 3 3 7
5	1 2 1 1 1 6
6	1 1 1 1 2 1 1 4
7	1 1 1 1 4
8	1 3 3 4
9	1 2 3 2 3
10	3 4 1 1
11	2 6 3
12	3 1 4
13	3 2 2 2
14	4 5 1
15	3 1 2 1
16	13 1 1 1
17	13 1 1 1 1
18	13 1 1 1 1
19	13 1 2 1 1
20	13 1 1 1 1
21	13 1 1 1 1
22	12 2 1 1 1
23	12 4 1 1
24	12 4 1 1
25	12 4 1 1

해답

NemoNemo Logic 입문편 2

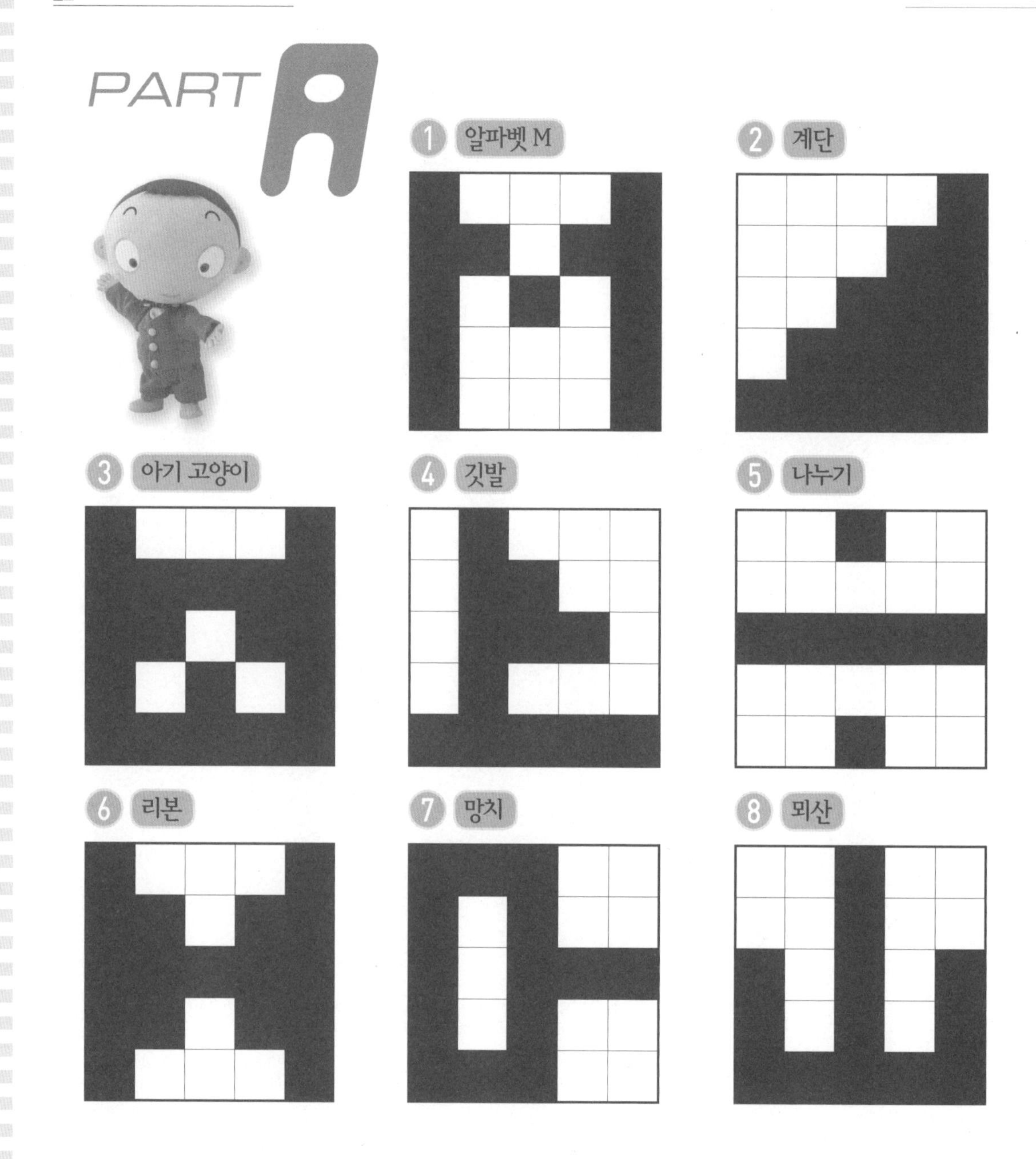
PART A
1 알파벳 M
2 계단
3 아기 고양이
4 깃발
5 나누기
6 리본
7 망치
8 뫼산

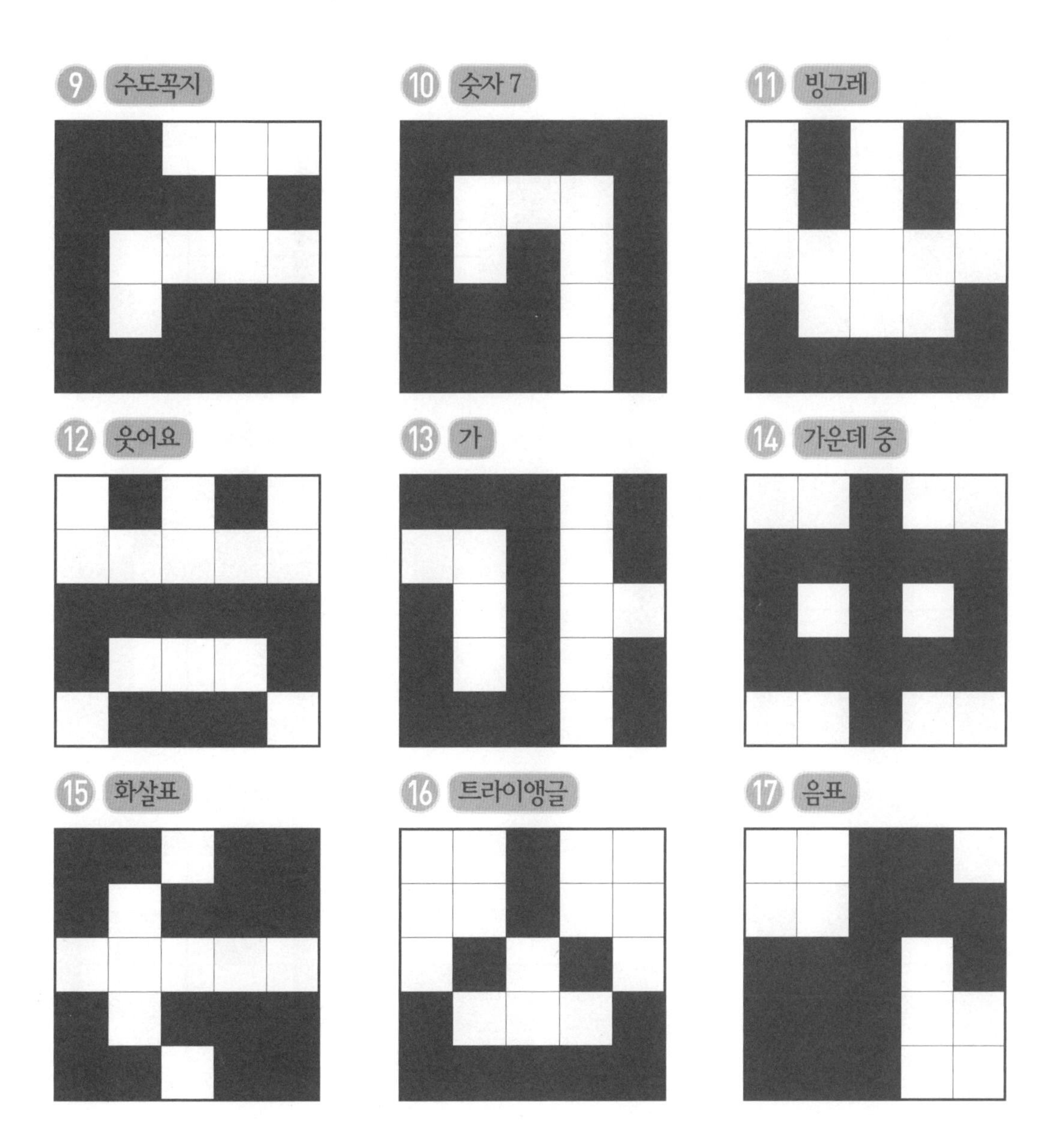
9 수도꼭지
10 숫자 7
11 빙그레
12 웃어요
13 가
14 가운데 중
15 화살표
16 트라이앵글
17 음표

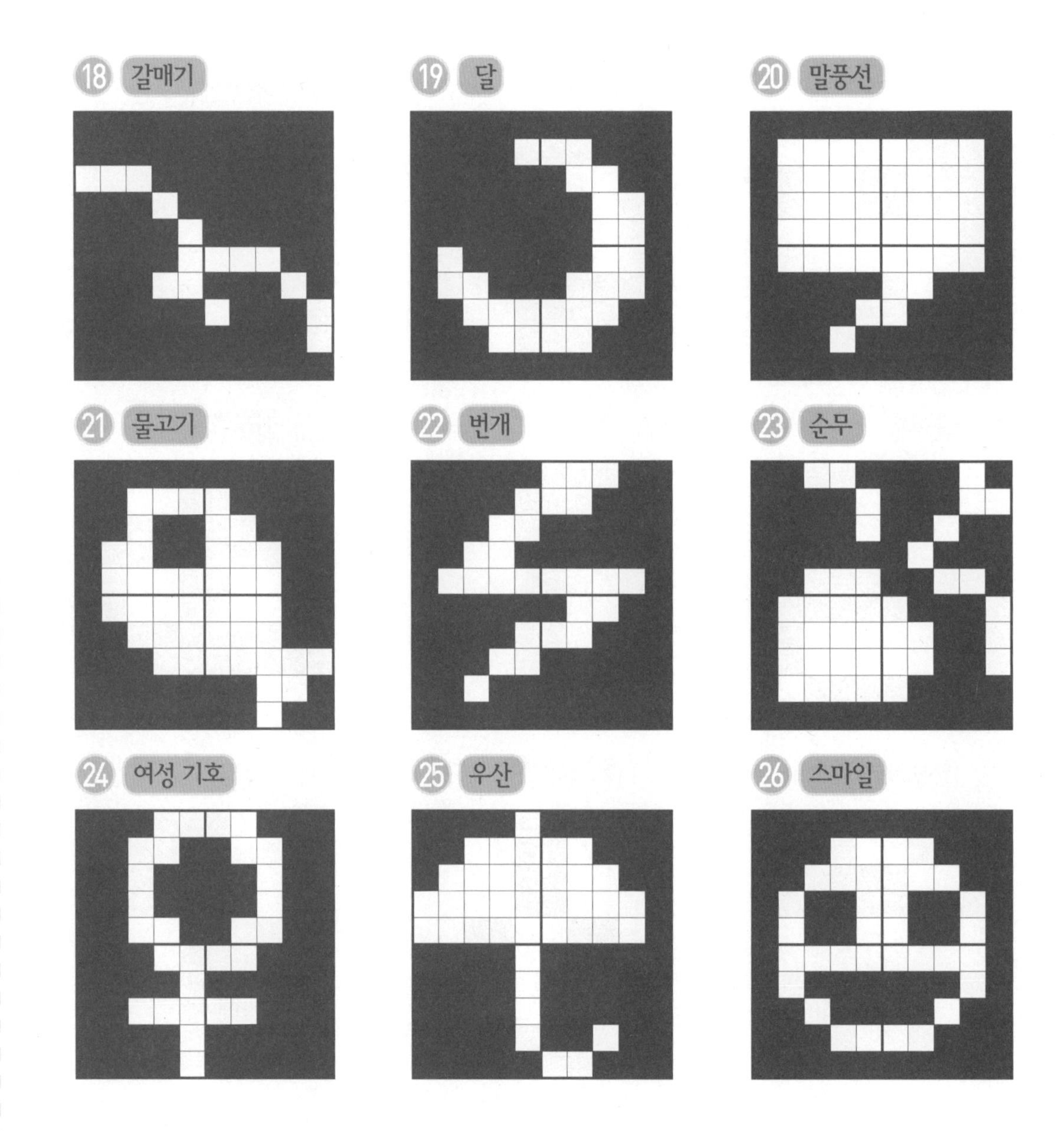
18 갈매기
19 달
20 말풍선
21 물고기
22 번개
23 순무
24 여성 기호
25 우산
26 스마일

27 장화

28 전구

29 종이비행기

30 집

31 콧수염

32 하트

33 화분

34 모자 쓴 사람

35 여자 얼굴

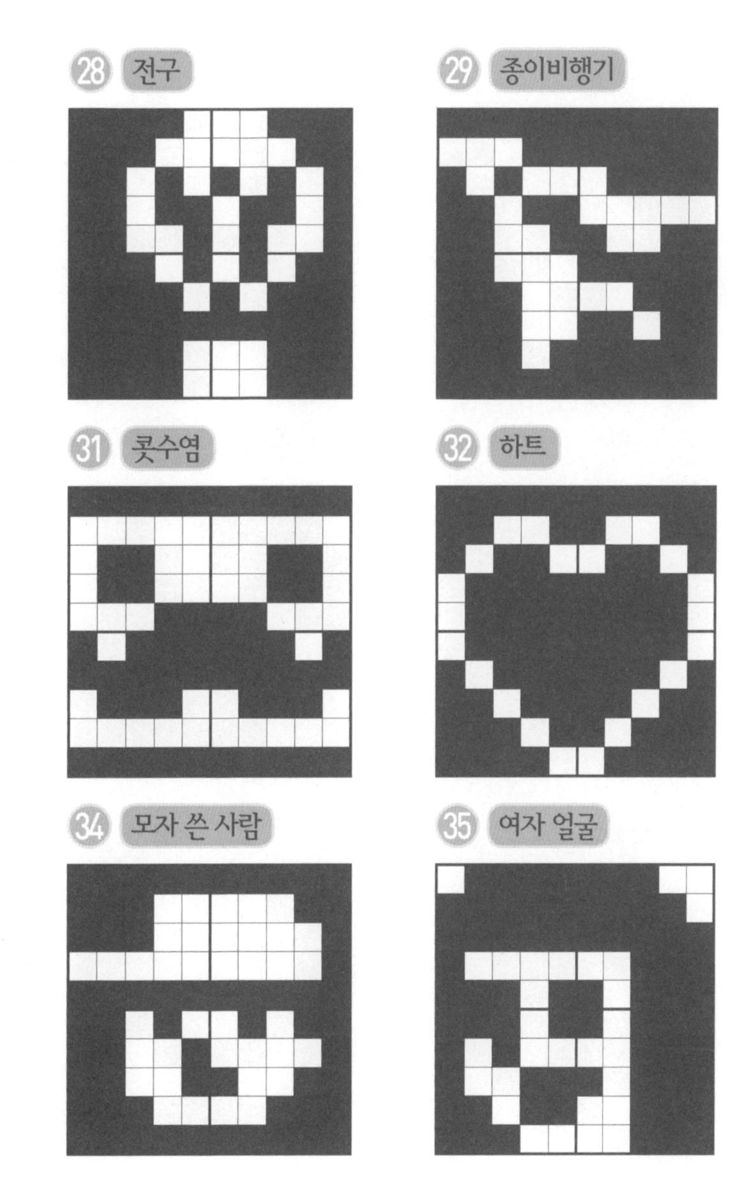

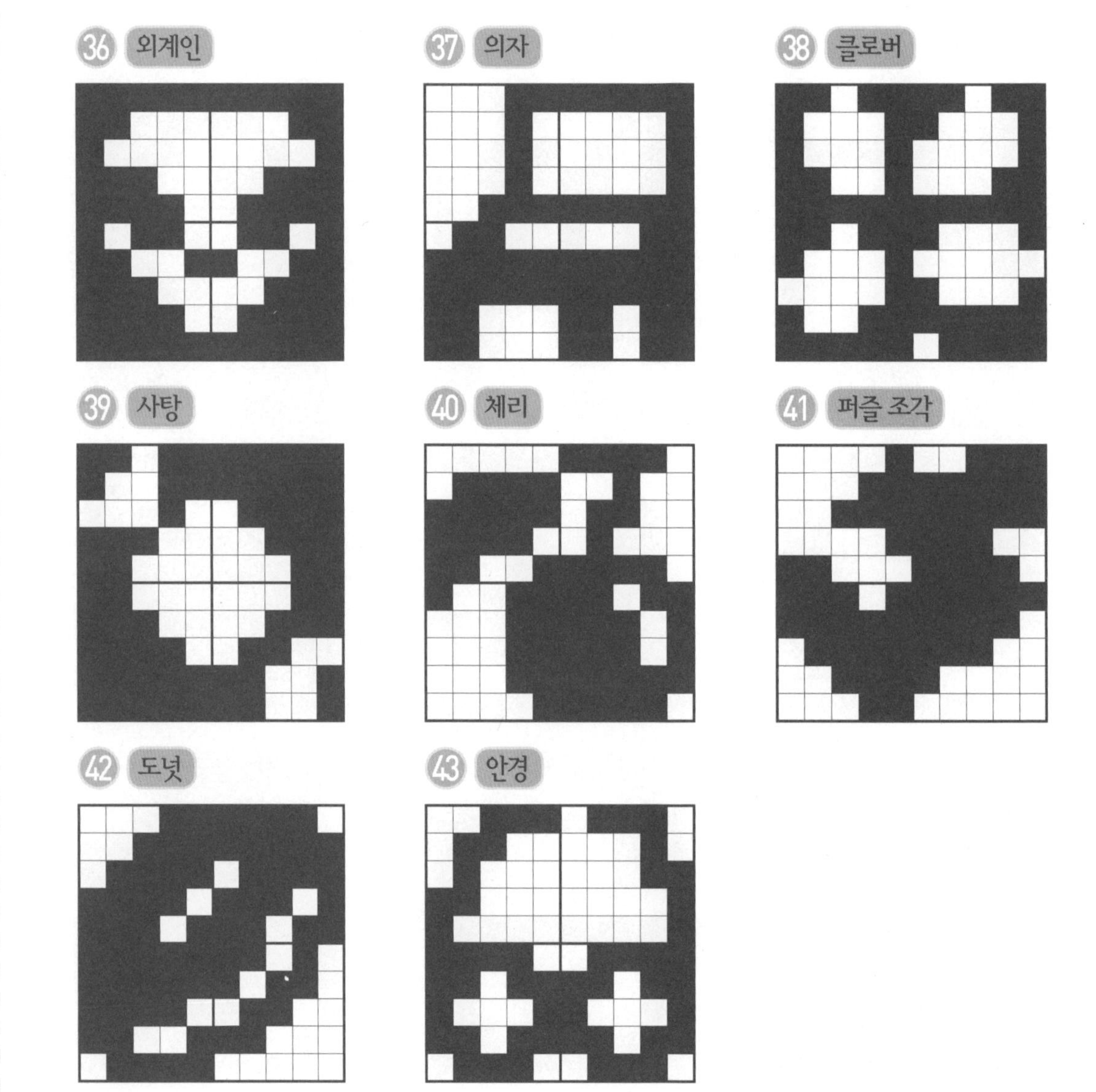
36 외계인
37 의자
38 클로버
39 사탕
40 체리
41 퍼즐 조각
42 도넛
43 안경

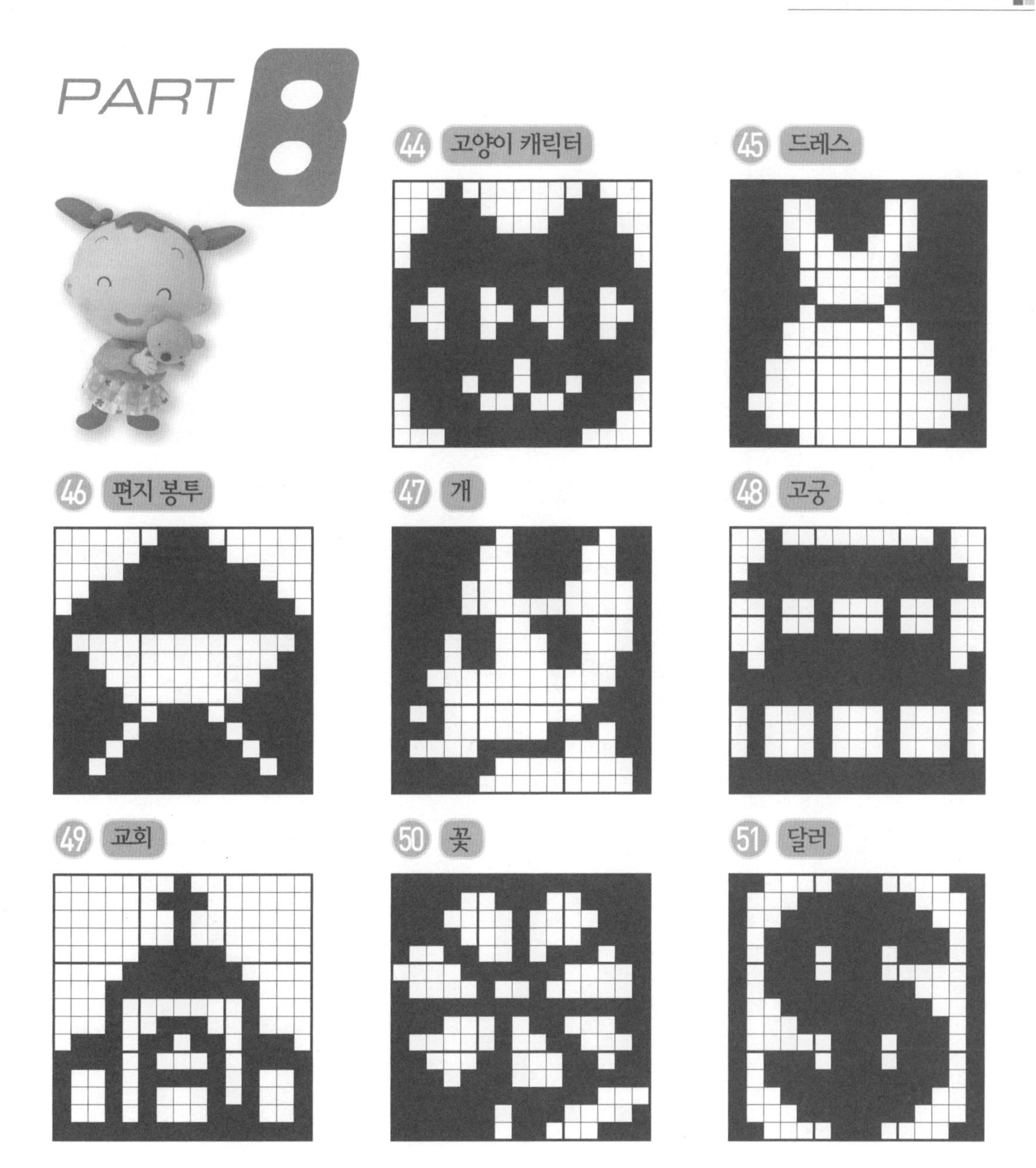
PART 8
44 고양이 캐릭터
45 드레스
46 편지 봉투
47 개
48 고궁
49 교회
50 꽃
51 달러

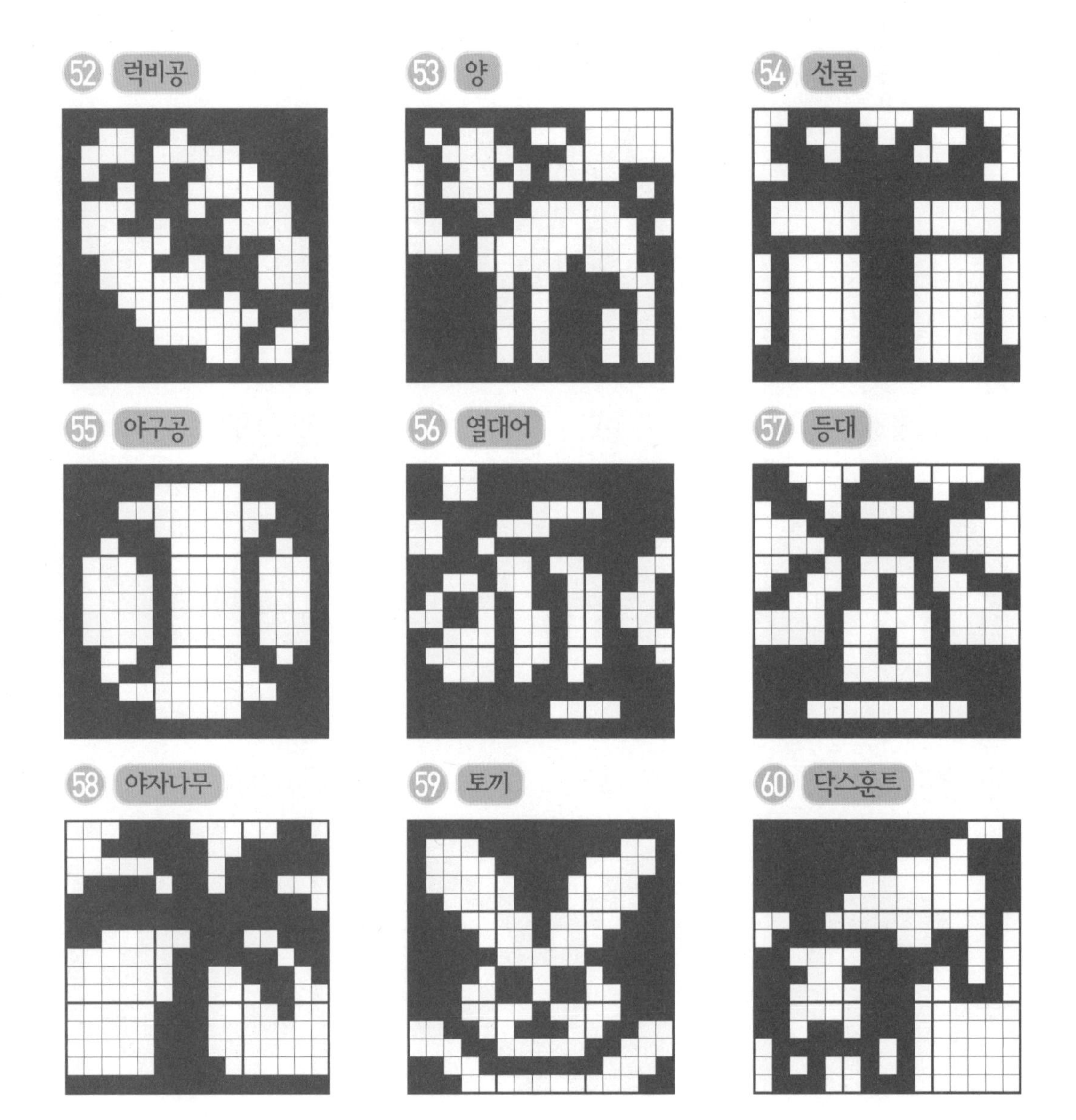
52 럭비공
53 양
54 선물
55 야구공
56 열대어
57 등대
58 야자나무
59 토끼
60 닥스훈트

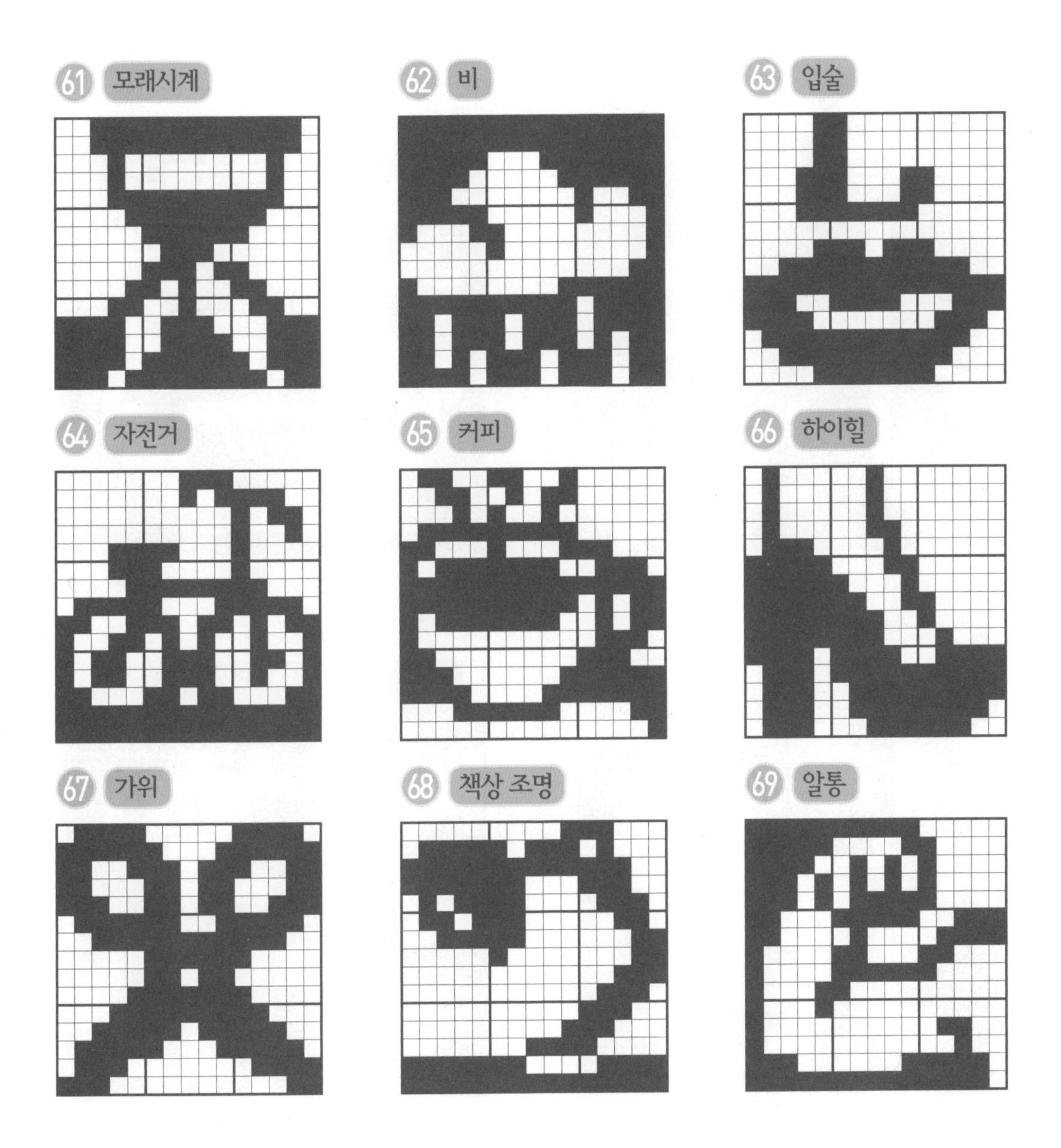
61 모래시계
62 비
63 입술
64 자전거
65 커피
66 하이힐
67 가위
68 책상 조명
69 알통

71 신나요

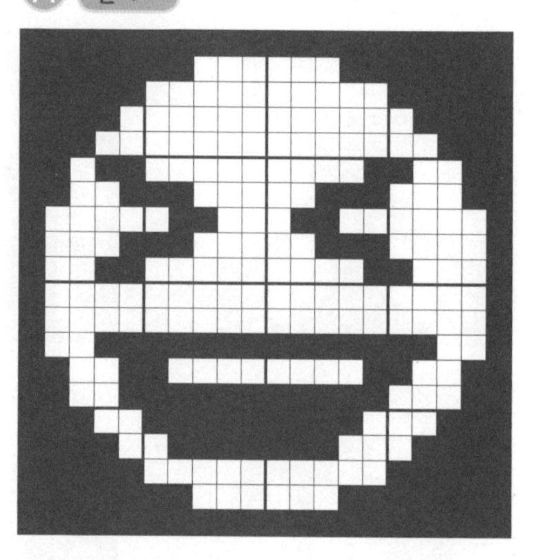

72 고래

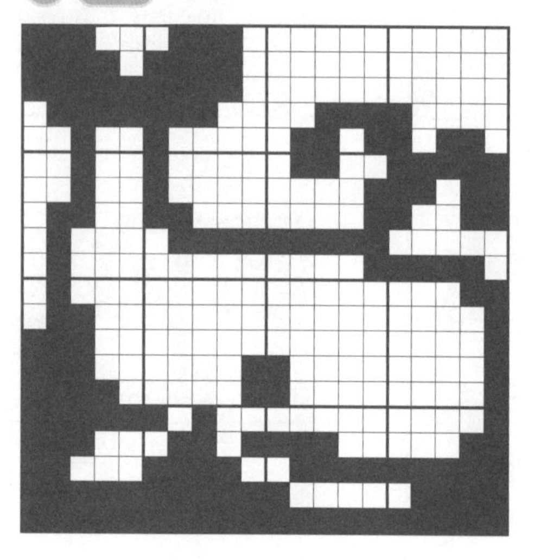

73 비눗방울 놀이

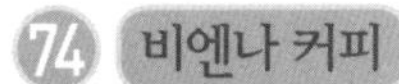

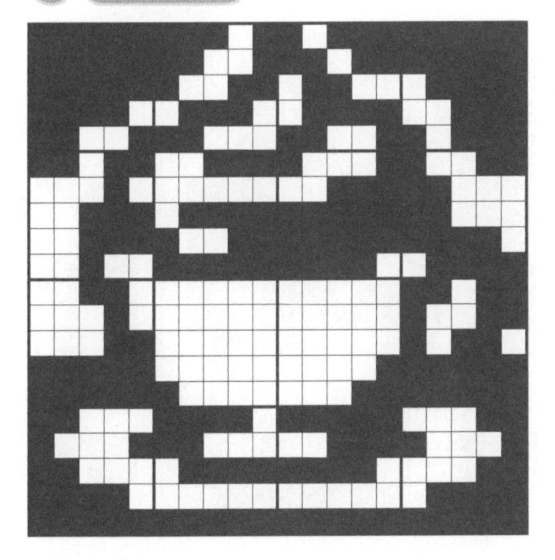

75 손잡기

76 원숭이

77 식물 키우기

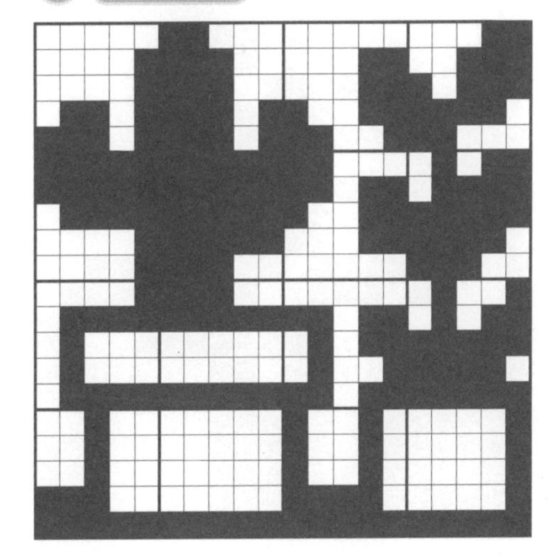

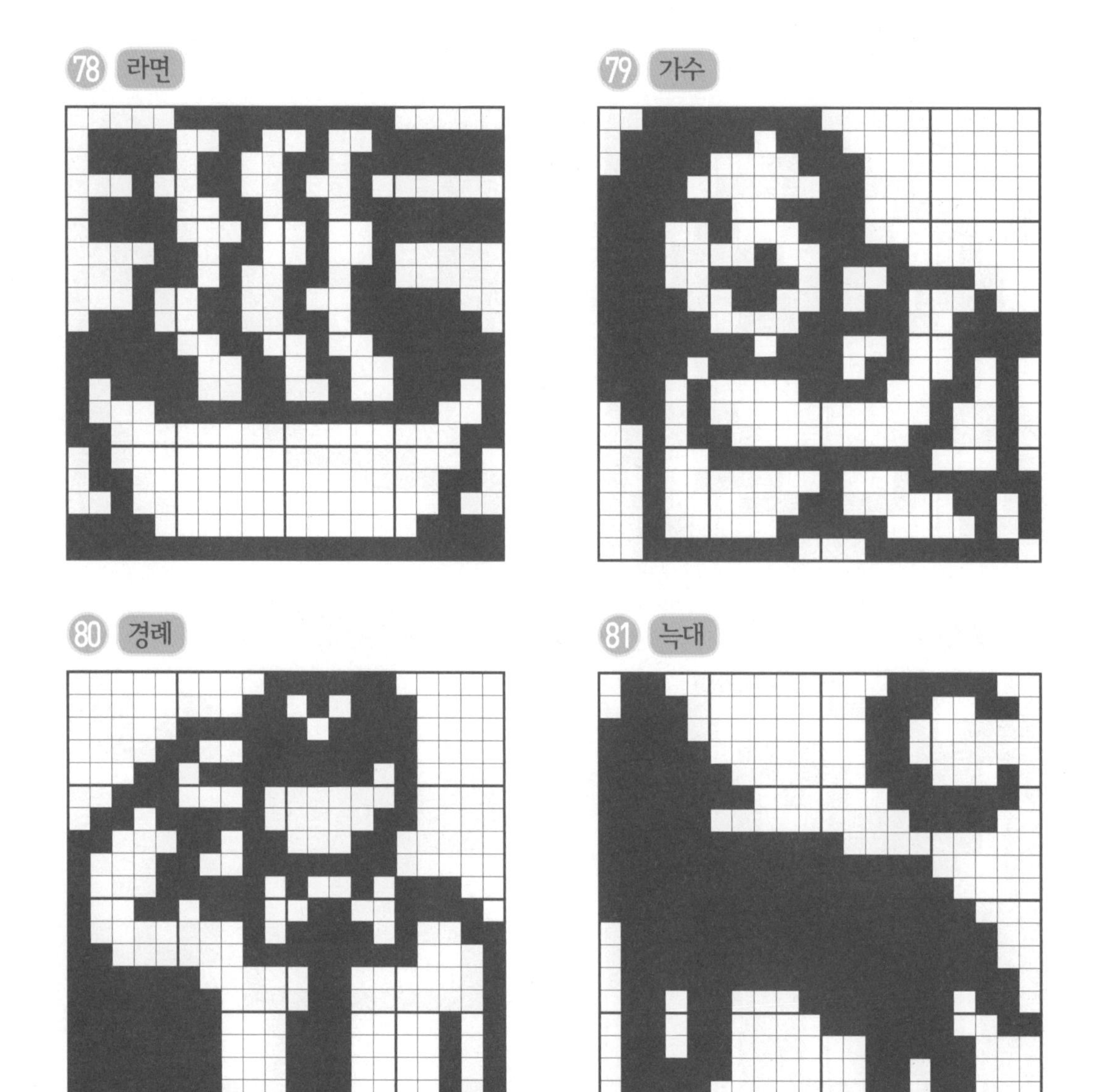
78 라면
79 가수
80 경례
81 늑대

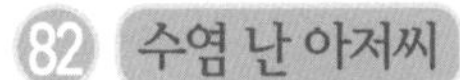

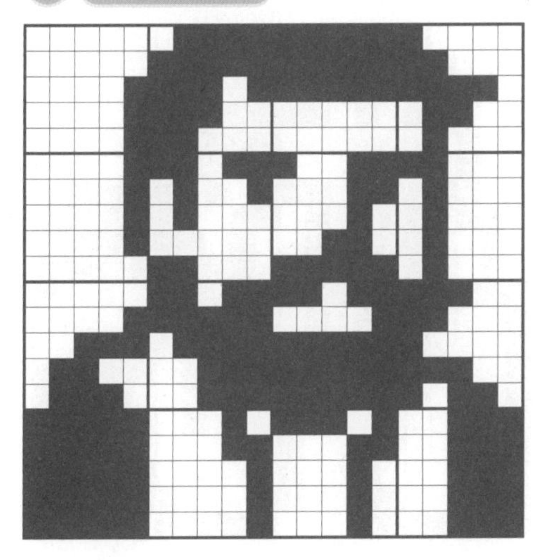

83 안경 쓴 소년

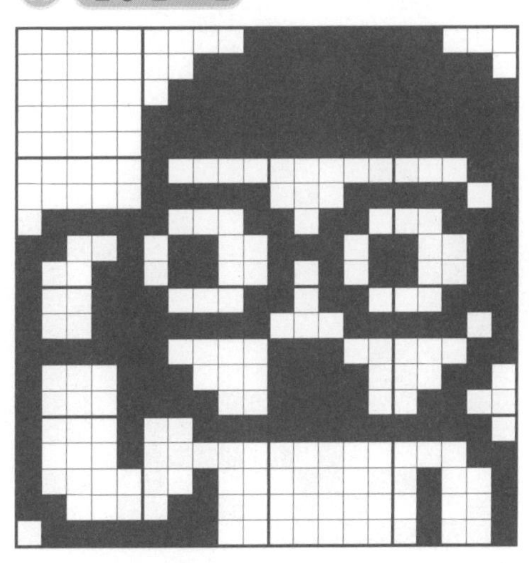

84 하품

85 오케이

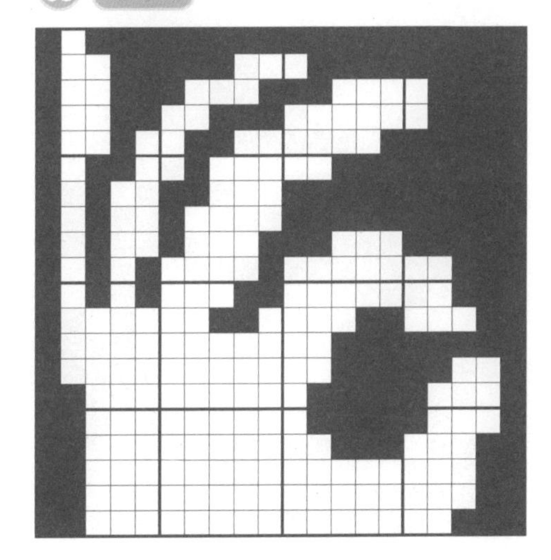

86 오리 가족

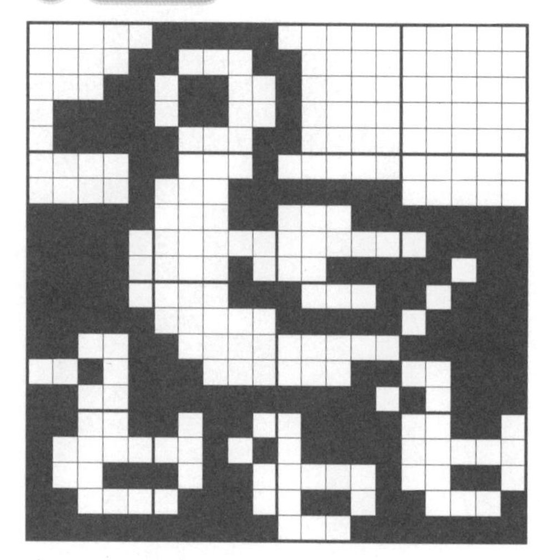

87 우는 아이

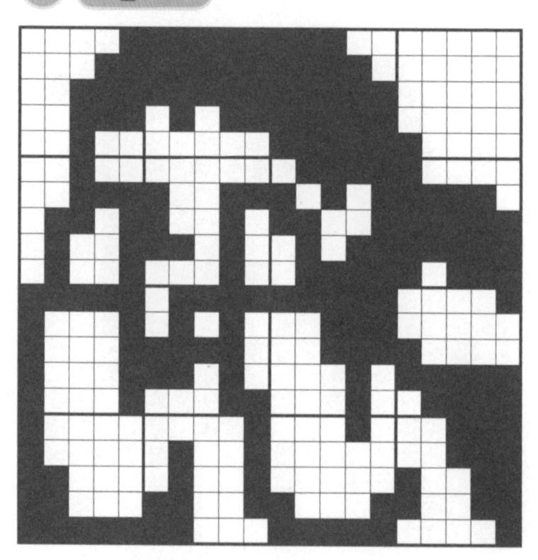

88 티 포트

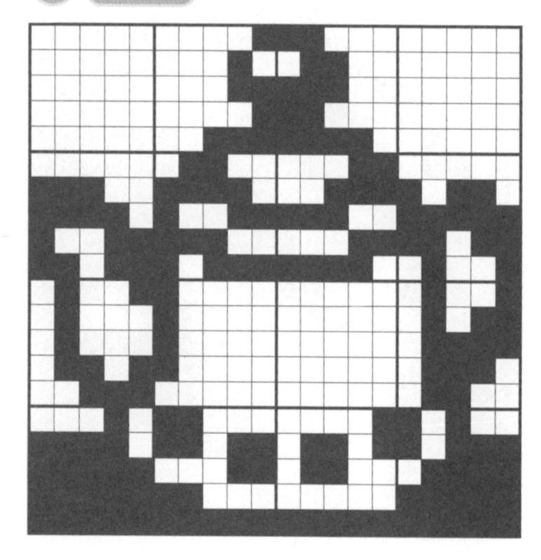

89 핼러윈 호박

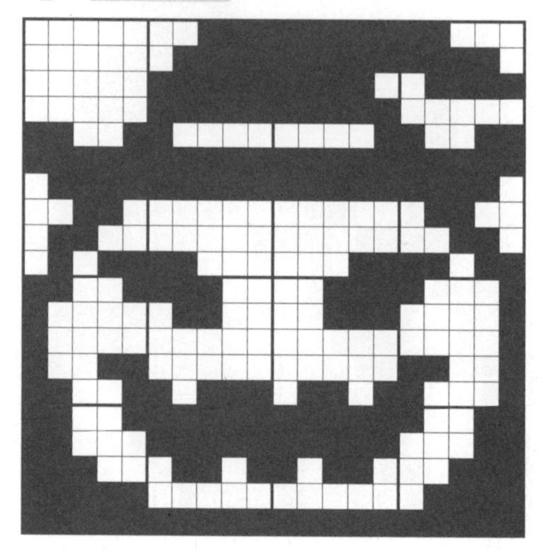

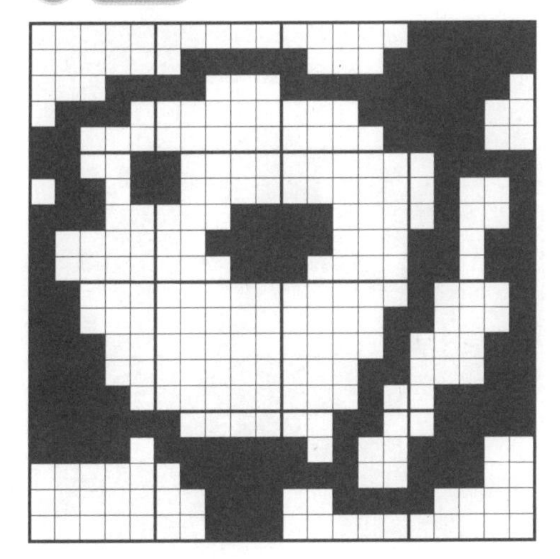

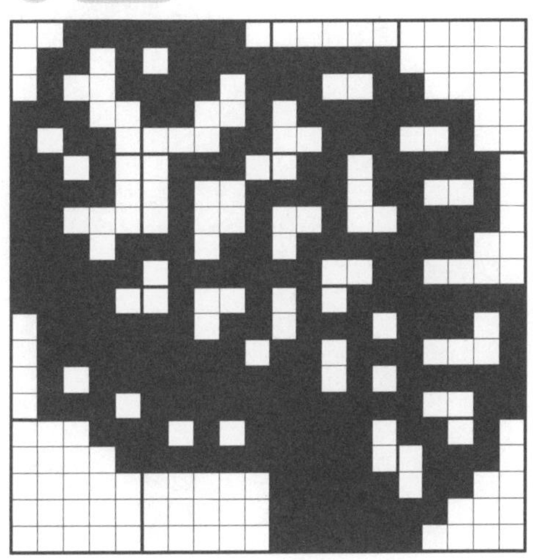

92 핫도그

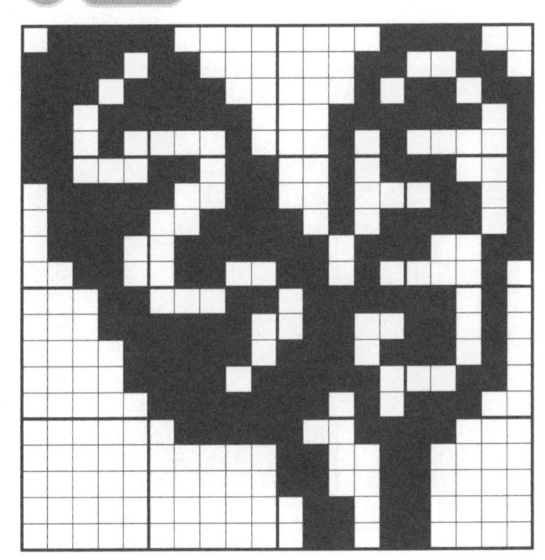

PART C

93 해적왕

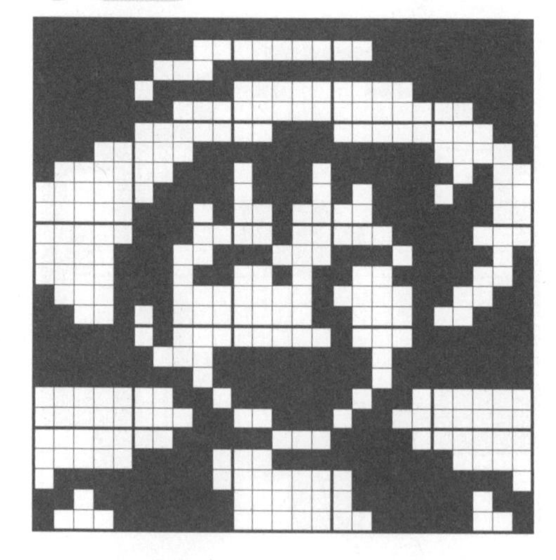

94 가족사진

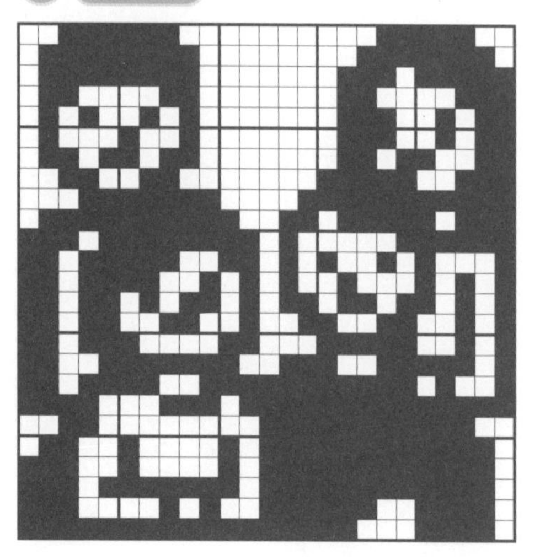

95 림보 게임

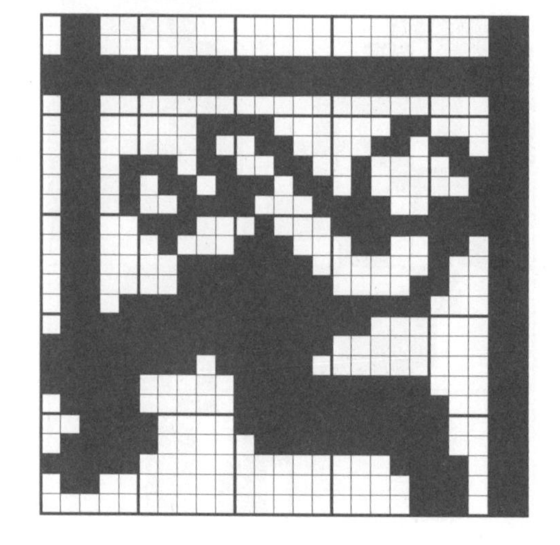

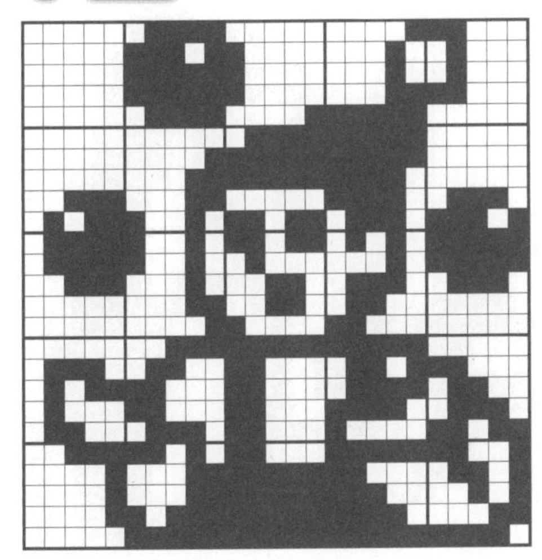

97 고양이 그루밍

98 망원경

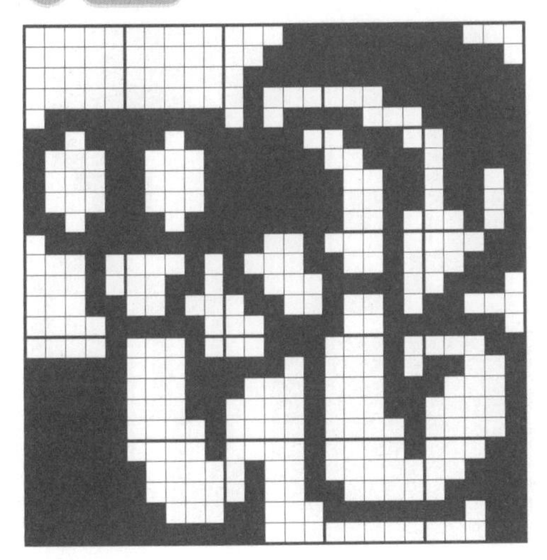

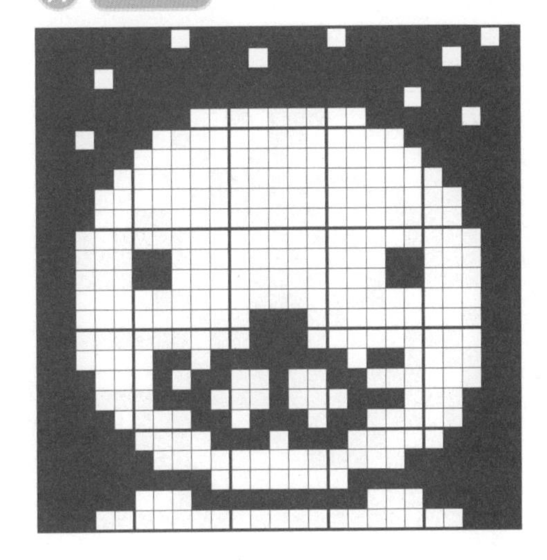

100 요가

101 운동

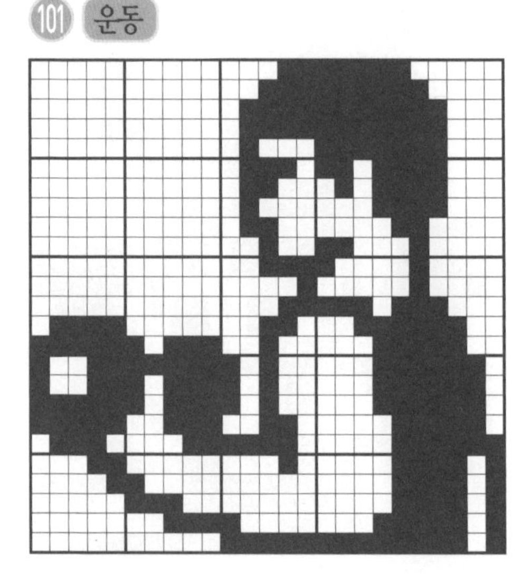

102 조깅

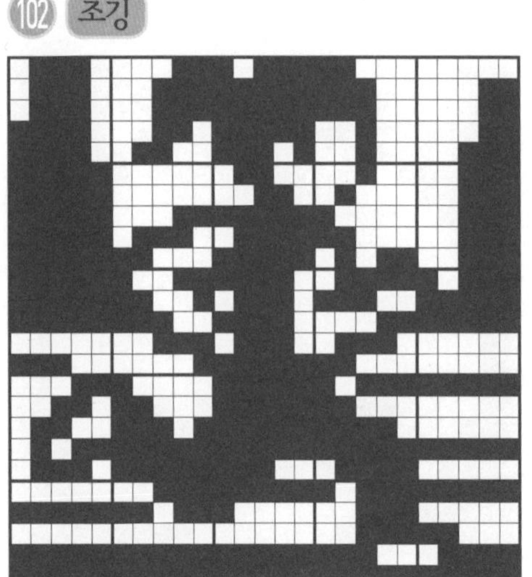

103 셀카